做女孩，超自在

青春期女生健康悄悄话

广东省卫生健康宣传教育中心 出品　林帝浣 等 编著

上海科学技术文献出版社
Shanghai Scientific and Technological Literature Press

图书在版编目（CIP）数据

做女孩，超自在：青春期女生健康悄悄话 / 林帝浣等编著 .
—上海：上海科学技术文献出版社，2021（2024.4 重印）
ISBN 978-7-5439-8351-9

Ⅰ . ① 做…　Ⅱ . ①林…　Ⅲ . ①女性—青春期—健康教育—青少年读物　Ⅳ . ① G479-49

中国版本图书馆 CIP 数据核字 (2021) 第 119813 号

策划编辑：朱文秋
责任编辑：李　莺　栾　鑫　刘蔓仪
封面设计：林帝浣
装帧设计：徐　炜

做女孩，超自在：青春期女生健康悄悄话
ZUO NÜHAI, CHAO ZIZAI: QINGCHUNQI NÜSHENG JIANKANG QIAOQIAOHUA
广东省卫生健康宣传教育中心　出品　林帝浣　等编著
出版发行：上海科学技术文献出版社
地　　址：上海市长乐路 746 号
邮政编码：200040
经　　销：全国新华书店
印　　刷：商务印书馆上海印刷有限公司
开　　本：787mm × 1092mm　1/32
印　　张：4.5
版　　次：2021 年 8 月第 1 版　2024 年 4 月第 7 次印刷
书　　号：ISBN 978-7-5439-8351-9
定　　价：19.90 元
http://www.sstlp.com

《做女孩，超自在》编委会

生得再平凡
也是限量版

小林漫畫

缘 ORIGIN 起

2018年冬至，四川，偏远山区，处处残雪。

不知不觉，我们已经在这里开展公益助学十余年。

小林老师也来到这里，和我们在田野间、乡村小学里聊起助学，也聊到这里女生的青春期教育问题。

小林老师问：我们能为这些女生做些什么？

在更早的2017年，广东省百蹊教育基金会（以下简称“百蹊”）曾联合东莞市崇德社会工作服务中心（以下简称“崇德社工”）在广东偏远乡村小学开展性教育公益课程，对当地学生进行生理卫生知识科普。课程结束后，通过学校的反馈，我们了解到，山区的孩子们极其需要青春期的生理知识。步入青春期，他们从懵懂未知到对生理知识一知半解，进而渴求学习相关内容。

百蹊在多年的实地助学过程中也发现，在部分偏远山区，不少学校生理卫生课程的设置及青春期性教育的内容都不太完善。

在这些地区，因为教育水平相对较低，多数家长缺乏正确的生理卫生及性知识。部分当地家庭只有老人在家，爷爷奶奶对孩子青春期发育状况和困惑根本不了解；部分家长也因忙于工作而轻视子女的身心发育。而在学校，教育观念的保守，使青春期生理知识课得不到应有的重视，学生也缺乏学习资料和获取相关知识的途径。

因此，当地许多女生不知道月经对女性意味着什么，不知道身体的某些变化是正常的发育因而忧虑和烦恼，不知道被性侵的风险，不知道该如何保护自己……

在女孩子的青春期，如果缺乏性教育和生理卫生知识，她们可能会面临更多的危险，更有可能出现心理问题。越来越多的目光聚焦于此：谁来呵护她们的青春期？

“我们发起康乃馨健康计划吧，我们可以组织专业的社工和医护人员为山区学生普及青春期生理心理卫生知识，守护这些小康乃馨们”，小林老师现场提出了康乃馨健康计划的倡议。

2019年，“康乃馨健康计划”开始实施。在过去的两年里，我们多次联合专业的社工机构和中山大学孙逸仙纪念医院的医护人员来到偏远山区，为初中女生送去卫生用品及青春期性教育公益课程，弥补当地生理卫生与性知识教育方面的不足，让孩子学习更多相关知识，帮助她们形成良好的卫生习惯。

虽然课程是简短的，带去的知识也是有限的，但我们希望可以给孩子们打开一扇窗，让他们正确认识自己的身体，了解成长的变化，更好地保护自己，健健康康地成长。

经过这两年的积累，我们觉得有必要编写一本小书，把相关知识和正确的观点传递给更多有需要的孩子们。本书简明扼要但不失系统地介绍了青春期女生应该了解的身心健康常识，还根据康乃馨项目课堂上收集到的具有典型意义的问题进行解答，使之针对性更强。该读本主要面向12 ~ 16岁的初中女生，也许这些内容对城市里的孩子浅显而平常，但对于山区孩子来说，可能是新鲜的、从未了解过的，也正是她们困惑的、亟需的。

还希望将我们项目的经验、成果分享给大家，使之惠及更多山区孩子，在我们未涉足的地方发挥作用，发光发热。

让我们一起守护康乃馨。

百蹊助学　全称“广东省百蹊教育基金会”，是2005年成立的纯民间公益团队，2013年3月28日，在广东省民政厅注册为非公募基金会。其名源自“桃李不言，下自成蹊”，指的是桃李有着芬芳的花朵、甜美的果实，虽然它们不会说话，但仍然吸引人们到树下赏花尝果，以至树下走出一条条小路。我们希望通过这些小路，把爱汇聚到一起，帮助偏远地区的教育发展。

目 CONTENTS 录

我有点长大了

我有一点奇怪

我才不害怕

可能是，你最关心的事

好好生活

慢慢相遇

我有点长大了

我的手变大了

我的脚变大了

去年的衣服我穿不下了

我觉得我有点长大了

我觉得我有点不一样了

我有点害怕

我有点害羞

我有点想让人告诉我

我该怎么办

我的脸上长出了痘痘

痘痘来啦！最最讨厌的青春期表现，大概就是痘痘了！长在脸上，有时还会长在胸口、背部，一个个的红疙瘩，让人心烦意乱，痘痘实在是太太太讨厌了！

痘痘是一种炎症

痘痘的医学名字叫作“痤疮”，是一种皮肤病。啊，听到“病”字是不是很可怕？！这种病还特别喜欢找我们这个年纪的男孩和女孩。而且，一般来说，男生比女生还要严重很多呢！

既然是一种常见病，那医生就一定有方法对付它，有药物可以治疗它。第一件事情，先放宽心，痘痘是常见的青春期表现，只是有些麻烦而已。

会长痘痘，和我们在长大有关。我们会突然发现，皮肤变得爱出油了。这其实是我们的皮脂分泌增加，有时会引起毛囊皮脂腺导管堵塞，然后细菌们在这里生长繁殖，最终引发炎症，就变成了我们最讨厌的痘痘！

讨厌的痘痘是我们青春的标志

痘痘虽然讨厌，但是，等我们逐渐长大了，它也会慢慢离开我们。有一天你会发现，即便你不管它，它也不会再长了。它伴随了我们青春期这段美好时光哦。

一看到长痘痘了，我们就想让它赶紧好起来，常常用手去挤它。可是，这样挤压痘痘，会很痛，有些还会挤出血来，这颗痘痘好了，其他的痘痘却冒出来了，唉，真是好多好多的烦恼啊！但是这样挤痘痘，真的对吗？

首先，我们的手干净吗？一旦挤破了痘痘，手上的细菌是不是会被带进去，会不会引发更大的炎症呢？

另外，眼睛下方、嘴唇、鼻子周围的面部区域，医学上称为“危险三角”，这个区域有丰富的血管网络。这些血管连着脑部，如果大力按压，细菌就有可能顺着血管到达脑部，有可能引起脑部发炎，这样是不是会很危险呀？何况挤破的地方还有可能留下疤痕和痘印。痘痘是会自然痊愈的，留下了疤痕和痘印可就难祛除了。挤掉一颗痘痘，并不代表就不长出新的痘痘了。权衡一下，我们还是放弃这种又痛又危险还不一定有效果的方式吧。

把脸洗干净才最重要

既然我们知道，痘痘其实是源自皮脂分泌过多，堵塞了毛囊，那相比挤压之类的危险动作，我们最应该做的不是及时地清洁吗？洗脸就是最简单的清洁方法。

洗脸也是一件需要学习的事情吗？当然啦！洗脸也是有很多窍门的。

第一，要用温水哦，过热或者过冷的水，都会刺激我们的皮肤。第二，每天清洗2次左右，不能不洗，也不能一直

① 彻底洗干净双手。

② 把清洁用品加水搓揉出泡沫。

③ 把泡沫均匀地涂在脸上，轻柔地由上而下画圈按摩两分钟左右。

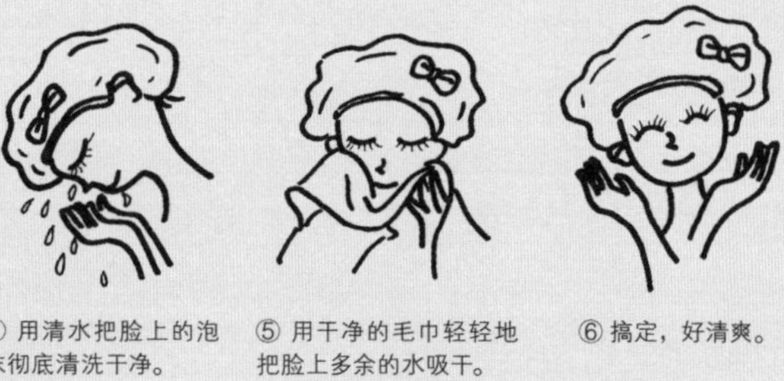

④ 用清水把脸上的泡沫彻底清洗干净。

⑤ 用干净的毛巾轻轻地把脸上多余的水吸干。

⑥ 搞定，好清爽。

正确的洗脸方法

洗，洗脸的次数太多，也会对我们的皮肤造成伤害。第三，不能够用太刺激的洁面用品哦，如果要使用洗面奶或者洁面皂，也要选择相对温和的产品。第四，用了洁面的产品，一定要把脸上的产品清洗干净，不能让它们残留在脸上。第五，要用干净而柔软的毛巾，把脸上的水分吸干。

这些洗脸的方法，我们可以一直用下去。坚持把脸洗干净，我们的皮肤一定会变好的。

如果太严重了，我们还是要找医生哦

如果太过严重了，痘痘实在影响到了我们的生活和心情，那么去找医生吧，医院里有皮肤科，治疗痘痘在医生眼里不是太难的事情哦。虽然，痘痘有可能会伴随我们整个的青春期，但是减少它们的出现还是可以做到的。

治疗痘痘，外用药物和内服药都可以。清淡的饮食、充足的睡眠、规律的作息、轻松愉快的心情都可以帮助控制痘痘。

我的胸部变大了

我觉得我的胸部长大了，硬硬的，有时候还有点胀胀地疼，有时有些痒。突然之间，我变得有点害羞，我觉得不舒服又不好看，偶尔还会被男生们嘲笑。我想低头含胸，把背弯起来，把奇怪的胸部藏起来。

乳房是属于女性的美丽

先不要抱怨那些奇奇怪怪的感觉，就像我们的手和脚都会长大，我们胸部的乳房，在这个年龄，也要长大啦。它一开始像小馒头一样，然后慢慢长大，我们就有了属于女生的美丽曲线。

你看，穿上漂亮的裙子，把背挺起来，胸口的曲线多么漂亮。这才不是什么奇怪的事情，妈妈、姑姑、姐姐，她们都有乳房，为什么我们没有觉得她们奇怪呢？如果要说起爸爸和妈妈的差别，富有曲线的美丽胸部，不正是妈妈独有的风采吗？

我们的乳房，在这个时期，悄悄地长大。

这就是乳房内部的样子。

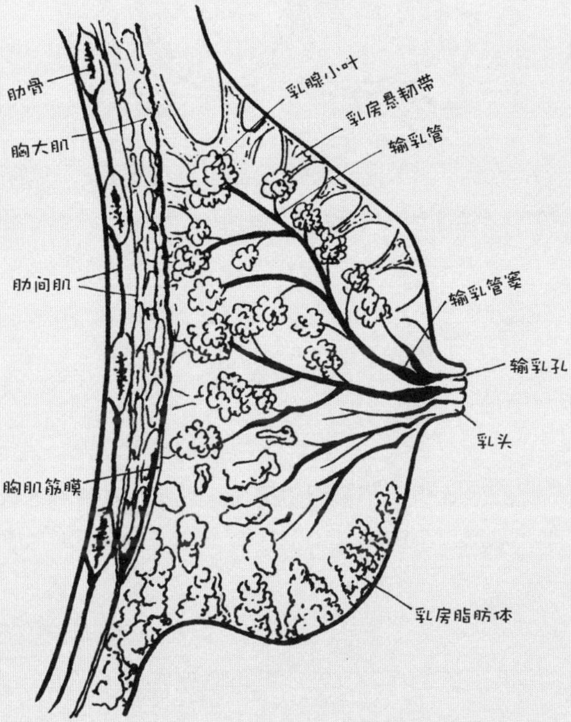

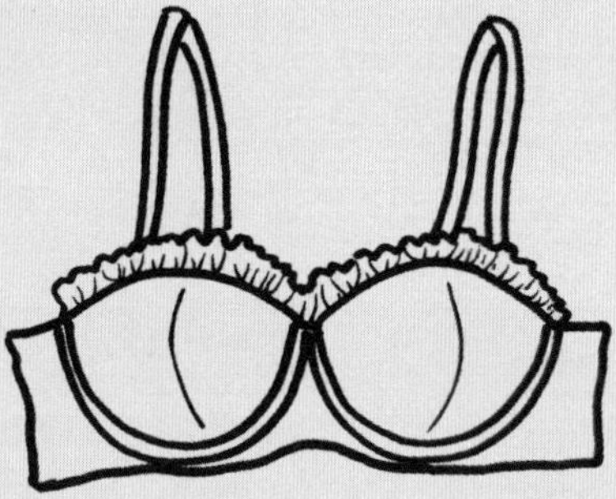

乳房没有肌肉，是很娇嫩的部位，可千万不要被硬物碰到，那会很疼的。为了保护这小小的美丽，我们要学会穿胸衣。

胸衣能够保护我们的乳房，给它们支撑力，走路、跑步、做运动的时候，胸衣都能够使得乳房的位置相对稳固，会让我们觉得舒服一些哦。而且，胸衣本身也很漂亮啊。

因为是正在长大的胸部，所以我们要给乳房一点点自由生长的空间哦。千万不要因为害羞，就穿一些束得很紧的内衣，这样不仅仅会阻碍乳房的发育，还会导致乳房和胸部的畸形。

胸衣有很多种，但是，最好我们暂时先选择比较宽松的、肩带也比较宽的棉布胸衣，我们不能把乳房关得太紧了，要给它们一点空间去长大。等到真正成熟之后，我们就可以任意选择自己喜欢的、适合自己乳房大小的美丽胸衣了。

第一次穿胸衣，我们要学习一下正确的方法哦。

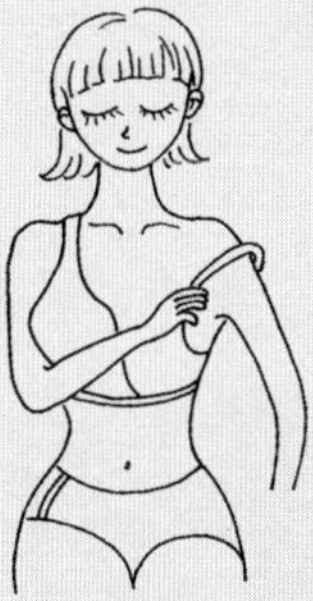

① 手臂穿过肩带，使文胸挂在双肩，两手托住罩杯下方。

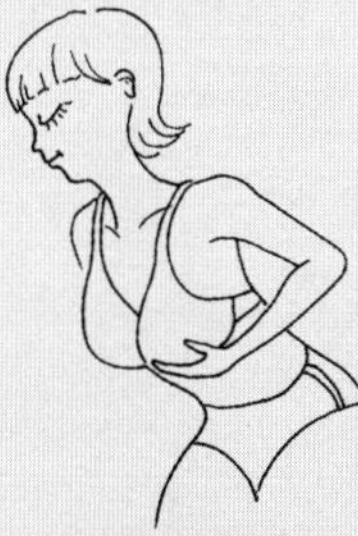

② 身体向前倾斜45度，并将罩杯下围定位到乳房下，将乳房套入罩杯内。

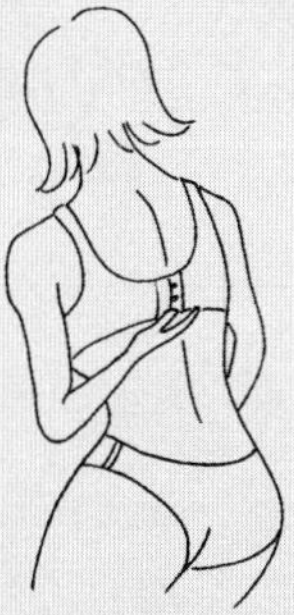

③ 将后片向下拉，至少和前胸的下沿线保持水平位置。

④ 以手掌虎口协助将乳房外侧的脂肪由背部至腋下推移入罩杯内。

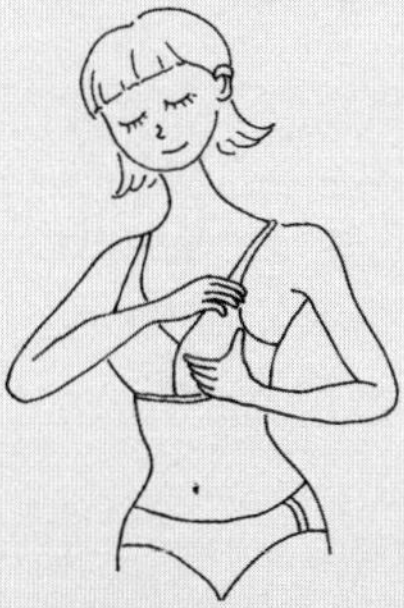

⑤ 调节肩带长度，使乳头位于罩杯正中央。

⑥ 甩甩手，活动一下身体，直到感觉乳房固定不移位，完成。

穿戴胸衣的方法

大大的胸漂亮还是小小的胸漂亮

就像每个人的身高、五官会不同一样，乳房的大小也会有不同。不管是大大的胸还是小小的胸，都很漂亮啊！我们的乳房除了是女性特征之一，让女性有曲线美，还有一个重要的功能哦，那就是哺乳。

胸部让女性有曲线美，但是如果胸小小的怎么办呢？其实，小胸会给女性带来生活的便利，如运动时更加方便。由于小胸的外层组织更薄，所以自检时，胸部肿块更容易被发现。另外，小胸对颈部的压力更小，不容易引起女性的身姿改变。因为胸部丰满有可能使颈部、头部长期处于紧张状态，会增大患头疼的可能，所以小胸的女性一定程度上可以避免这个问题的发生。

我们是小婴儿的时候，都曾经在妈妈怀里喝过奶，我们喝的乳汁，就是由乳房分泌的。所以，你看，是不是要对自己的乳房好一些，毕竟它那么重要，千万不要再嫌弃它在悄悄长大啦。

长大是件很辛苦的事情，虽然有时候会有点痛，有时候会有点胀，但那是它在努力生长呀。

男生们就没有这样的苦恼了，但是悄悄地告诉你，他们的乳房其实也在长大，只不过，他们不能为小宝宝哺乳，因此，他们的乳房只是跟着身体长大了一点点，我们不容易看出来而已。

把背挺起来哦，我们有美丽的乳房，无论是大大的，还是小小的，都很漂亮哦。

为什么我的胸部总是胀胀的，有时候甚至有点疼？

别担心。当我们步入青春期后，胸部胀胀的以及出现胸疼，都属于正常的生理现象，这就是青春期女生生长发育疼痛。这主要是由于青春期女性腺体激素水平升高，比如雌激素、孕激素，激素刺激腺体增生和腺体的发育，会引起疼痛，属于正常的现象，问题不大，所以不用担心。

这时候我们应该注意加强营养，多吃蛋白质含量高的食物，这有助于腺体的发育，但是特别注意不要吃含激素的食物哦。

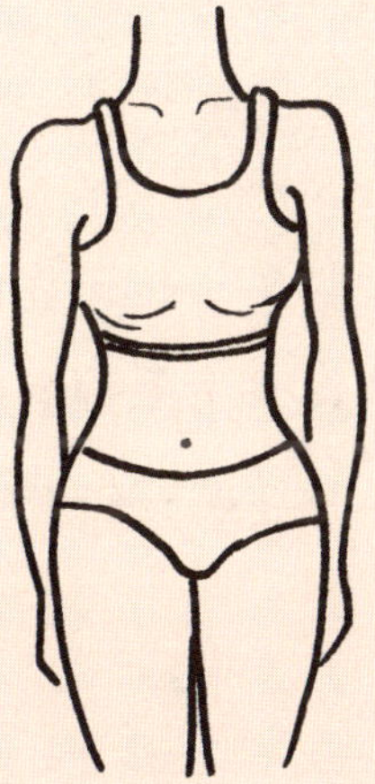

另外，如果出现乳房胀痛、瘙痒等症状，切勿用手指去抓挠乳房组织，以免引起乳腺炎症，可以自己轻柔按摩来缓解不适感。

如果自己手掌平按乳房时（注意不是抓起来）确实摸到乳房有肿块且慢慢变大，或者乳头或乳晕区有分泌物或者液体流出，就需要到正规的医院去进行检查。

我不是男生！为什么长出了胡子

除了胸部，最近我的身体还有很多奇怪的事情发生：我的胳肢窝里，甚至还有嘴角边，长出了奇怪的毛毛。我又不是男生，为什么我会长“胡子”！黑黑的毛，可难看了！夏天穿短袖的时候，不小心露出来胳肢窝里的毛毛，我觉得好难为情啊！

这些毛毛都有自己的名字

胳肢窝下的毛毛，因为是长在腋下，所以，它们的名字叫“腋毛”。下身的那个部位，科学的名字叫作“外阴”，所以，这里的毛毛就叫“阴毛”了。至于嘴唇边角那些疑似小胡子的毛毛，别担心，它们也不是胡子哦。

这些毛毛可以为我们身体起到保温、遮挡灰尘和细菌、缓解皮肤间的摩擦、蒸发汗液等作用。也许，因为这些毛毛都长在我们不怎么看得到的地方，也不像眼睛、鼻子、嘴巴的作用那么明显，我们经常忽略它们的作用。其实，它们都在悄悄地保护着我们的身体哦，千万不要觉得它们丑丑的很没用。

当然，如果体毛过于茂盛，“胡须”不是细软小毛，而是黑硬浓密，就要去正规医院检查，排除内分泌紊乱的可能哟。

长毛毛的地方一定要好好清洗

毛毛虽然对我们有很多益处，但是，也一定要注意，它们帮我们挡住了灰尘和细菌，所以，我们要每天把它们洗干净哦。就像手粘到脏的东西，就要用干净和流动的水进行清洗。毛毛上的脏东西，虽然我们不一定看得那么清楚，但是也要清洗掉哦。毛毛的根部，长在我们皮肤里的，叫作毛囊，如果洗不干净，它就会发炎，称为毛囊炎，得了毛囊炎我们就会很难受了。

腋下的毛毛，到了夏天的时候，会变得湿漉漉汗津津的，有些人比别人出汗出得多，就会觉得有异样的味道，即便洗得很干净也没有用。其实，这不能怪毛毛了，那是里面的汗腺在捣蛋。如果腋下确实有很讨厌的气味，可以去医院检查。等我们的身体发育完成，情况稳定了，医生们是有办法处理这种情况的，千万不要觉得有什么压力哦。

不要“欺负”这些毛毛

我们知道啦，这些毛毛不是没有用的，所以，除了要好好地清洗外，千万不要随便“欺负”它们。不要因为觉得难

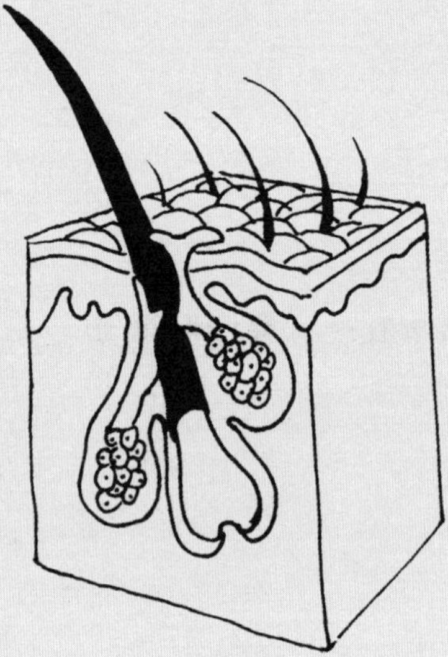

看，就老是想“消灭”它们。这些毛毛大家都有，不是什么奇怪的事情。在现在的情况下，我们不要去拔或者剃掉它们。等我们的身体发育稳定了，如果腋毛、阴毛有必要剃掉，那么也要使用温和的手法和正确的工具。千万不要用不科学的方法伤害它们。它们是我们身体的一部分，就像头发一样。有些人头发多，有些人头发少，接受“每个人都不一样”，因为这才是我们自己。

世界上最好的化妆品
是发自内心的快乐

小林漫画

我的声音变尖了

唉，以上这些烦恼，都是看得到的，还有两个看不到的烦恼，其中一个巨大的烦恼是我不敢开口说话了。本来我的声音是甜甜的、嫩嫩的，现在它变得尖尖的，这也是长大的结果吗?

这才是真正属于你的声音

不要害怕啦，从现在开始，你才真正拥有了属于自己的声音哦。每个人的声音都是不一样的，男生和女生不同，女生和女生也不一样。我们听歌的时候，会发现有的声音明亮，有的声音低沉，明亮的声音适合高昂的歌曲，低沉的声音适合抒情的曲子。

长大的时候，每个人都要经历一次变声期。仔细听，其实不只你的声音变了，大家的声音都变了。男生们的声音也变化很大，变得哑哑的、低低的。对了，你们都在长大的过

多希望有人懂我

即使我什么都不说

程中，所以，你们马上都要拥有属于自己的独有的声音了。

可爱的女孩，你要长大了，你唱的歌正慢慢地从童谣变成更多风格的歌曲了。记得保护好你正在变化中的声音哦，不要让你的嗓子受伤。

声带是好听声音的来源

我们的喉腔两侧有一对声带，这对声带，在我们发出声音的时候，会产生震动，从而形成了我们的声音。这对声带虽然很有韧性，但是并不是坚不可摧的哦。我们有时候喊得声音高了，就会觉得喉咙痛，严重的时候可能会暗哑甚至会说不出话来，这就有可能是我们的声带受伤了哦。

好的歌唱家，都很注意保护自己的嗓子，因为嗓子一旦受伤，即便好了，也有可能影响我们的音色。

所以，我们要小心一点保护自己的声带。不要过度地说话，不要喊得太大声；不要吃过度刺激的食物，太冷太热的水也会刺激我们的咽喉。有时候夏天吃了太冷的东西，会觉得喉咙痛，一下子说不出话来，这也是一种伤害哦。

保护好嗓子，我们才能有动听的声音，唱出美妙的歌曲哦。

我的肚子有点疼

另一个巨大的、没有人看到、只有我自己知道的烦恼，就是来月经时的状况。来月经时我的肚子会有隐隐的胀痛，我想我一定是生了什么不好的病，不然为什么会有这样的疼痛？小的时候肚子痛，是因为吃坏了，可是，这种痛和吃坏东西的痛不太一样。

出血了，我会死掉吗？

“月经”来了，你就真的长大了

“月经”，有很多很多的称呼，比如说“例假”，比如说“月信”，看到这些称呼你就知道啦，不管是“月”，还是“例”，就是说，它可不是一次就结束的，而是以月为周期的、规律性地发生。中国女孩的初潮年龄平均在12至15岁之间。从一个女生青春期的初潮开始，月经会陪伴女生度过一生里最美好的年华哦。到我们50岁左右，月经才会停止。

当有一天，你发现自己的阴道开始流血了，并且从此以后，每个月都会有这样的一次的时候，你可以对着镜子里的自己微微笑。姑娘，你终于从一个小女孩成长为一名少女了。从这个时候起，你的人生里会发生很多美好的事。向镜子里的少女打个招呼吧，我们开始探索身体的奇妙旅行。

女性的身体里藏着一个子宫

想知道我们为什么会来月经吗？我们的身体里藏着一个“子宫”，这可是男生没有的器官，只有我们女生才有。这个子宫，就在我们下腹部的骨盆里面，差不多就在我们的肚脐下方。子宫长得像一个倒过来放的茄子。

看看名字，能不能猜到它的用处？嗯，它就是“孩子的宫殿”呀。这个小小的宫殿里，藏着生小宝宝的秘密哦，将来，我们的胎儿宝宝也会住在这里，就像住在温暖的蜜糖罐里一样，可开心幸福了！每个人小时候，还是胚胎的时候就是在这里慢慢长大，一直住到出生为止。妈妈的身体里有已经成熟的子宫，小小的我们曾经住过，我们的身体里也有一个小小的子宫，现在它要跟着我们一起长大啦。

我们先来认识一下这个地方。

看起来，这是一个地形有点复杂的地方啊，还有很多小伙伴和它一起组成了我们的内生殖系统，比如卵巢、输卵管和阴道。

我们最熟悉的可能就是阴道了，因为可以在身体的外部看

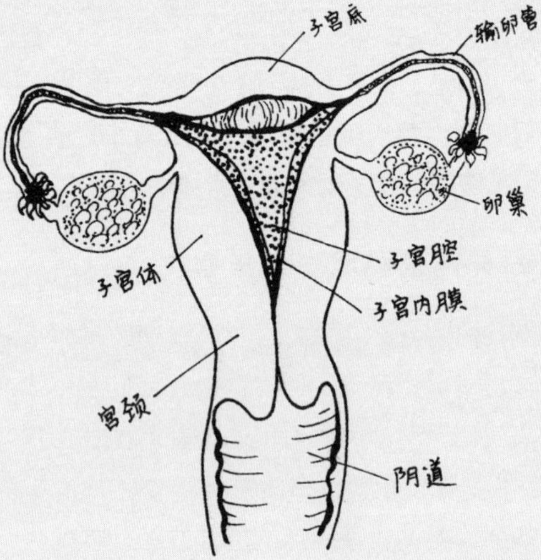

到阴道口。对啦，它就藏在我们平时用来小便和大便的器官之间，也就是尿道口和肛门之间。啊，阴道的处境有点艰难啊，前后都是对它的卫生状况不大友好的伙伴。所以，我们上完厕所以后，千万记得擦拭的时候要避开它啊，特别是大便之后，纸一定要从前向后，从肛门（屁股眼）的前部向后方擦拭。往前擦的话，肛门附近的脏东西碰到阴道，阴道就会“抗议”，它抗议的方法就是生病发炎，那你可就要受罪了。

每天晚上，我们都必须清洗这个部位。清洗时要洗净双手，用干净的盆和干净的水。睡觉之前清洗干净，会让这个容易变脏的小伙伴觉得很舒服哦！

卵巢里的泡泡们

顺着阴道，往我们身体里面走，进入三角形的宫腔，到宫底，左右两边各有一条长长的通道，这两条通道，就是输卵管，哈，一听名字就知道，它们是用来运输卵子的管道哦。

要被运输的卵宝宝，就藏在通道尽头的两个“小仓库”里。这两个“小仓库”可不是空空荡荡的，里面住满了一个个泡泡，这些泡泡就叫做作卵泡，泡泡里面就是未成熟的卵子。

可不要小看这些泡泡，如果没有这些泡泡，我们可都不会出生啊。这些卵泡中藏着卵子，这些卵子使得我们将来可以生儿育女。这些卵泡，在我们出生的时候就已经藏在这里了，等到我们长大到能够分泌足够的激素后，这些卵泡才会成熟。一个卵泡从发育成熟到被排出，大概需要几个月的时间。每个月都有一个（偶尔两个）卵泡成熟，如果这颗卵子没有受精变成小宝宝，子宫内膜就会脱落出血，形成月经。月经只是把子宫内膜碎片连同身体里循环至此的血水一起排出来而已。不要害怕，这些碎片和血水并不是表示你受伤了哦，也不是说你的子宫就破碎了，这就像废弃的液体，经由尿道，通过小便来排出。只不过，这个周期比较长一些，一个月才会有一次。

有的女孩，两次月经的中间，阴道会有少量的出血，还会伴有左下腹或者右下腹的隐痛，持续两三天左右，不用担心，也许这就是在排出卵子了。

月经的伙伴叫作“卫生巾”

一个月一次的月经也会有遇到麻烦的时候。而且，更麻烦的是，“月经”可不是几分钟就结束的，它要持续的时间，每个人不太一样，最快的大概2天，慢的可能要7天。这个时候，没办法，我们就要请一个小伙伴来帮忙了。没错，有一个小伙伴就是专门在我们遇到这种麻烦的时候来帮忙的，那就是“卫生巾”。

“卫生巾”是一个很可靠的小伙伴，我们来看看它长什么样子：没有打开的时候，它被折叠起来了，这是为了方便我们随身携带，外面的塑料包装是为了保护内部的干净。“卫生巾”都是经过灭菌处理的，目的是为了保证安全和卫生。如果发现外包装破损了的，就不要使用它了，毕竟大家要记得，若阴道被细菌感染了，“生气”起来，后果可能很严重。

打开卫生巾，慢！在做这件事情前，你知道使用它的第一步是什么吗？是洗手！洗手！洗干净手，才可以打开卫生

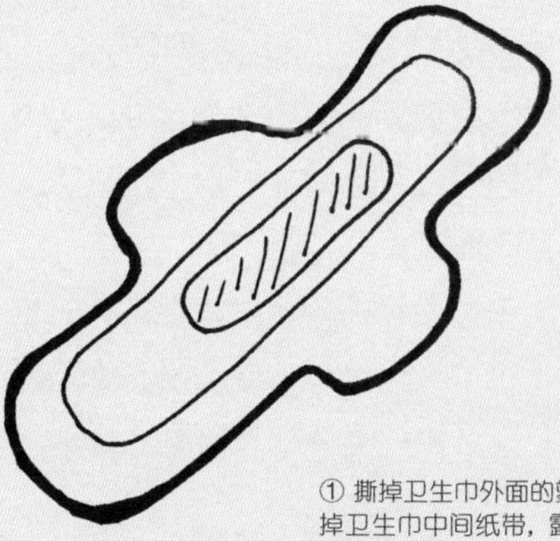

① 撕掉卫生巾外面的塑料膜，撕掉卫生巾中间纸带，露出被纸带覆盖的胶带。

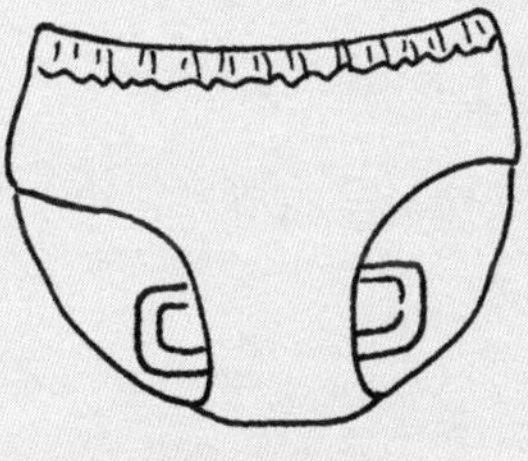

② 把卫生巾包装撕掉后，将有胶的一面贴到内裤裤裆中间，两个耳朵对着裤裆最窄的地方。

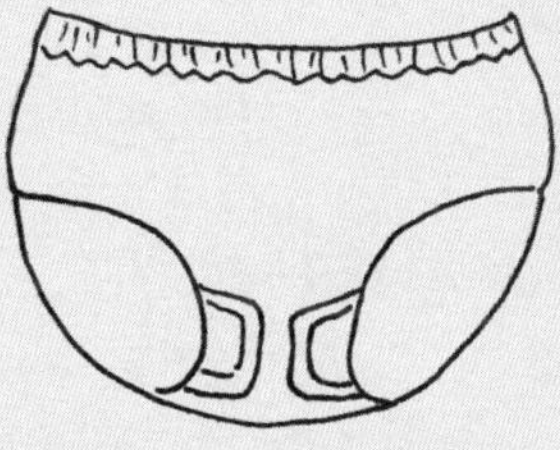

③ 再撕掉“小耳朵”背面的小块粘纸贴，把两个“小耳朵”反折回内裤裤裆正面粘住。

巾啊！卫生巾是爱干净又娇气的小伙伴，所以，一定要洗干净双手才可以打开它哦！

打开后的卫生巾，是一个有点宽度的长条。背面还有一条长纸片，撕开这条纸，会有黏黏的胶带，这是为了让你把它固定在内裤上哦。有些卫生巾，还有两片耳朵，耳朵的背面也有胶带，这两个耳朵，我们称为“护翼”。这两片护翼会比内裤宽一些，我们在贴好中间的胶带后，把两翼向后折过去，包住内裤的边缘。这两片护翼，可以帮助卫生巾更稳地站好岗，不会挪来挪去。

虽然卫生巾是很好的小伙伴，但是，它也有缺点，那就是，它毕竟是个“小”伙伴，容量是有限制的。而且因为它站岗的环境又闷又潮，容易滋生细菌，所以，隔上2～4个小时，我们就要换一片新的卫生巾。

换下来的卫生巾，把有血的一面向内卷折，用新的卫生巾的外包装包起来，再丢弃到垃圾桶里。这样既保持了环境的美观，又很干净哦。

卫生巾有很多种，长的、短的，有些还带有香气。我们可以根据自己的实际情况来选择哦，一般来说，夜晚的时间比较长，我们的姿势又是平躺，所以，可以选择外包装上标记有“夜用”字样的卫生巾；白天需要经常更换，我们就选择“日用”字样的就可以了。至于有香气的卫生巾，虽然闻起来很特别，甚至让人觉得很愉悦，但这些香气并不是天然的，而是化学物质调配混合形成的，并在卫生巾上持续挥发。当我们使用这种有香气的卫生巾时，咱们的鼻子喜欢闻这种气味，阴道这个娇嫩的宝宝却可能被熏坏了。不管选择哪一种卫生巾，千万要记住，一定要选用正规厂家生产的、符合卫生标准的产品哦。

这几天，好好照顾自己

偷偷告诉你，大概没有一个女生，会很高兴自己来月经，因为“月经”会带来很多不方便！也有女生，来例假的时候没有特别的不舒服，这真的会让很多人羡慕啊！但是，月经就和我们要吃饭、要排便一样，是正常的生理现象，我们要大大方方地对待这个小伙伴，更要在此期间好好照顾自己。

有些女孩会觉得肚子有点隐隐的胀痛，有些人是会疼得很厉害的，有一个专门的医学名词叫作“痛经”。痛经是很常见的，只是每个人的疼痛程度不太一样，有些人痛经还会引起腰酸背痛。但是不论有没有痛经，在“经期”，也就是月经期间，有许多事情是不可以做的。

首先，不可以做剧烈的运动哦。剧烈的跑、跳、跃起这些我们平时觉得很平常的动作，在这个时期内，就要避免啦。所以，如果经期遇到体育课，我们身体很不舒服时，可以向老师讲明哦，请老师安排合适的活动。

其次，我们要注意保暖。一般妈妈们都会有对付痛经的小方法，比如说，喝一点红糖水（妇产科医生不建议经期热敷，这样会加重盆腔充血）。在这个时间段，最好喝的以及用的水，都是温热的，尽量避免接触冷水。

最后，经期，我们很多东西不可以吃，比如冰凉的、辛辣刺激的，咖啡、茶、巧克力中的咖啡因对来月经的我们也不是很友好，我们还是等到经期结束之后，再吃这些东西吧。

你若盛开着
漫山遍野都春天

好在，经期的时间不算太久，有些人2～3天就结束了，有些则需要5～7天，一般不超过7天。大家普遍的情况，都是月经早期的时间比较不适，月经快结束的时候就没有那么痛了。

痛经的时候，可以吃药缓解。但不能自己随便吃，要有专业的医生指导。如果痛经非常严重，那就要去医院检查、治疗。

月经期间，要是有了异样的状况，那可是“麻烦”的事情。我们的月经间隔虽然是以“月”为周期的，但是，这只是比较粗略的估计，一般来说，21～35天的周期，都是比较正常的。有些人会规律性地提早或者延后，一般来说提早或者推迟7天内都属于正常的范围。一旦这个周期波动很大，比如说，月经突然间停止了，或者密集地出现了，甚至导致头晕、贫血了，不要犹豫，要赶紧找医生哦。不过有一个例外，就是来月经的最初2年，你的身体可能还没有完全准备好，因此会出现一点紊乱。但是不管怎么样，从来第一次月经开始，你就要记录好自己的周期规律哦。

人生的旅程就是这样
用大量的时间迷茫
在几个瞬间成长

小林漫画

我可以生宝宝了吗

既然我的身体有了这么多的变化，当这些变化都完成了，特别是我的月经规律已经正常了，那么我是不是就可以生宝宝了呢?

不是的！你的身体还没有准备好！

当这一切奇妙的事情发生，就像夜晚的月亮自然而然地升起，明天的太阳自然而然地带来白天，我们的身体，正在为生宝宝做好准备。经过了这么多变化和不舒服的成长，你看，你有了成熟的卵子，有了可以哺乳的乳房，你的身体生机勃勃，种下一颗小小的种子，就能孕育它了。

这是一件多么神奇的事情。可是，你要知道，生宝宝从来不是自己一个人的事情啊。

生宝宝，是男性与女性共同完成的事情

看，身为女性，你成长为一位少女，和你一起在成长和

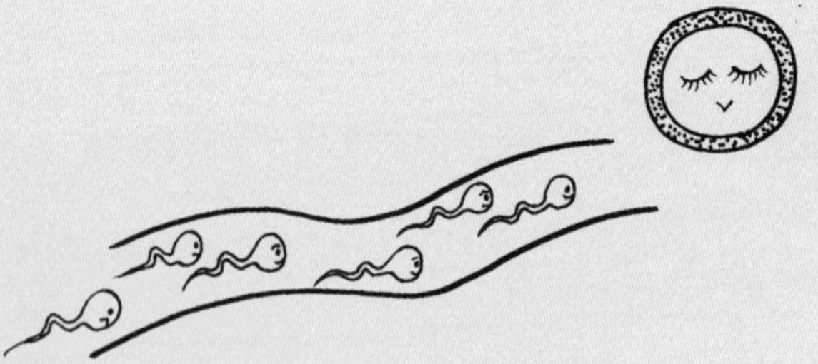

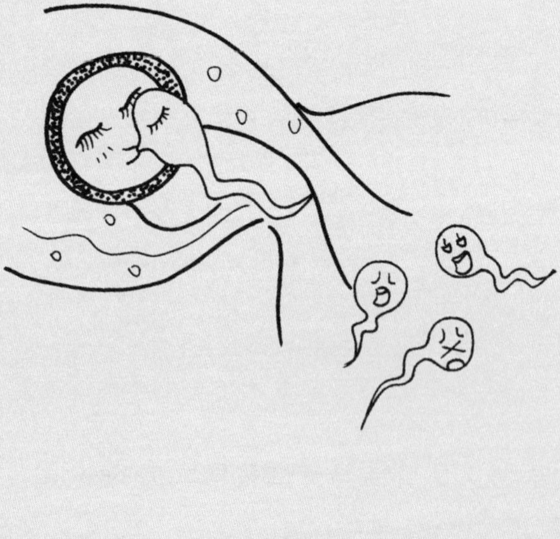

变化的，还有和你同龄的男性，他们也经历了一些变化，磕磕绊绊地努力着成为一个成熟的男性。

我们都知道，生宝宝需要爸爸和妈妈，爸爸是男性承担的角色，妈妈是女性承担的角色。我们当然是充当妈妈的角色，我们准备好卵子，那么身为爸爸的男性，又准备了什么呢?

他们准备的是“精子”。是的，就是图片里那个有着大大的头和细细尾巴的奇怪家伙，像个“小蝌蚪”。精子和我们的卵子不一样，一般来说，我们的卵子一次只排出一颗，或者有些人会有两颗，但是，精子，那是一大群活泼的小朋友，它们的尾巴可以帮助自己游动冲刺。这简直就是调皮的男孩子们的写照呀，你看，当一群男生聚在一起，他们总是吵吵嚷嚷、奔来跑去，要争当第一。这些精子们也是一样的，它们争来抢去，就是要争当第一。

当第一个到达终点的精子，遇见卵子并被卵子接受，精子和卵子就会结合。等那颗最珍贵的卵子变成了一颗受精卵，就会经过输卵管来到子宫种到内膜里，长成小小的胚胎。受精卵住在温暖的子宫里，准备生长发育。开始时可能准妈妈一点感觉都没有，除了发现月经停止了。随后，胚胎越长越大，慢慢形成一个婴儿的样子。是的，在子宫里，正有一个小生命在成长。我们，在这场生命的比赛里得到冠军而被孕育的生命，也曾经这样住在妈妈的子宫里，等待着经由阴道出生，最终来到这个美丽的世界。

虽然这个时候身体已经基本做好了准备，但此刻的你，仅仅是一位少女，你的人生还有许多未知，还不适合生宝宝。只有当我们生理上、心理上以及具备一定的社会经济条件后，我们才能对自己将来的孩子负责。

性，是一件珍贵的事情

你看，男性，女性，性代表着性别，代表着人类中具有两种不同生殖特征的生物。所以，性别没有好坏，没有对错，只是不同。正是因为这种不同，我们人类才能够繁衍下去。

那么深藏在女性身体里的卵子，是怎么有机会碰到那颗精子的呢？那当然是因为男性和女性有了身体的接触。这种接触并不是握一下手，拥抱一下或者亲一下嘴这么简单。

作为精子跑道起点的阴道，平时可是被藏起来的。只有当阴道暴露出来，男性把他产生的精子通过阴茎输入阴道，这些精子才有机会参加这场竞赛。这个过程，我们称之为“性交”。这是基于成熟两性之间的交往。

要知道，作为女性，我们都会觉得，把这么私密的地方暴露出来，是很不好意思的事情，毕竟平时，它可没有机会也不应该被人看到和接触。如果不是我们特别深爱那个人，我们绝对不会有这样的勇气。

能够对一个人有袒露自己的勇气，是一种很珍贵的心情。我们都会珍惜来之不易的东西，我们都会觉得稀少的东西才是最好的。是的，这样的人，这样的勇气，在你的一生中不会太多，所以，要珍惜，珍惜这个人，也珍惜有这样勇气的自己。

所以，在这件事情发生之前，你要反复地问自己，我做好准备了吗？他做好准备了吗？这种感情是不是真实的，有没有被自己的幻想影响？这个值得你那么勇敢的人，是不是真的那么美好？是不是他珍惜你，也如你珍惜他？如果你的答案中，有一丝犹豫，那么，亲爱的姑娘，我们不妨等一等。

要知道，你的感情那么宝贵，纯净透明，如同枝头最美的露珠，不要轻易地被践踏了，不要轻易地消逝了。

宝贵如你，你的性是一件珍贵的事情，更值得珍惜的，是在性背后的，你付出的感情。希望你永远被珍视，被珍爱。所以，亲爱的姑娘，我们首先需要珍惜自己。

除了身体，我们还要准备的事情

你的身体，已经准备好了孕育宝宝。但是一个小生命的诞生，以及诞生后的事情，你清楚地知道吗？

要养育一个生命，不仅仅要从身体上做好准备，也要在心理上做好准备，成为妈妈是一件很考验人的事情。你要在经济上有足够的能力来抚养宝宝。宝宝的成长需要吃的、喝的、穿的，还要去接受教育，这些都要有足够的经济能力来支撑。

另外，作为妈妈，你要教育好孩子。在心理上，你足够成熟了吗？有能力引导另一个生命的成长了吗？

你我最好的样子
都是被爱出来的

小林漫畫

是的，我知道你还没有做好养育一个宝宝的准备。养育一个宝宝需要有稳定的家庭关系，有足以支撑的经济收入，有健全独立的人格和作为母亲的智慧。

别着急，就像你的身体在慢慢成长，你自己也会逐渐地成熟起来，只不过，现在，你的身体比思想跑得快了一点点。

总有一天，你的身体和你的心理，都会做好准备，准备迎接一个新生命，一个就像你一样可爱的小小生命。人们应该在合适的年龄做适合的事。愿你们在年少时心无旁骛努力学习，在参加工作步入成熟时遇见对的他。

每个人的一生
都是手写的童话 小林漫画

我有一点奇怪

我了解了我的身体，

我知道了我身体里有这么多奇妙的事情发生。

可是我还是不高兴！

我有时非常开心，

有时不想说话。

有时我觉得所有的人都那么可爱，

有时我又看到谁都很讨厌。

我的心，

好像和我的身体一样，

都在经历身体里自然发生的变化。

我要怎么面对我心里发生的变化呢？

8

那个奇怪的男生

比起我来，更古怪的是那些奇奇怪怪的男生，他们好讨厌啊。以前男生女生各玩各的，但是，突然间，他们经常要来打扰我们，偷偷藏起我们的橡皮，嘲笑我们穿的裙子……

男生真的知道自己在干什么吗

不要怀疑，这句话，其实并不是疑问句。很多时候，男生做这些奇怪的事情的时候，他们是真的真的不知道自己到底在干什么！其实他们明明就是好奇，就是想找个借口来和女生说几句话，但是，他们做出来的事情，却偏偏那么奇怪，好像在欺负我们一样。

男生在这个年龄，也和我们一样，正在经历各种成长的烦恼。但是他们的想法和我们完全不一样哦，或者说，他们的成长会比女生晚一些。当我们的思想随着我们的身体成长的时候，男生可能才刚刚开始这个过程。所以，这个年龄段里，男生们可能会做出一些在我们看来很可笑的举动。

嗯，他们并不是想来欺负我们，只不过，在这个时间段里，他们真的要比我们幼稚一些，所以，大度一点，容忍他们的“奇怪”吧，大部分时间，他们并不是真的有恶意。其实也许，他们只是对我们有点好奇，想要接近我们吧。

女生和男生能做的事情一样多

男生的奇怪，我们理解了，但是，不管做什么，为什么都是男生对？家里的爷爷奶奶，也似乎特别偏爱男生。

这种偏爱从很久很久以前就开始了。这是一个复杂的问题，其中有一个很重要的原因在于，以前的社会，科技并不发达，很多的事情需要依靠体力来做。男性的体能大多比女性要好，他们力气大、爆发力强，在科技水平相对落后的社会里，他们从事体力劳动要比女性有优势。爷爷奶奶们的生活经验和生活的时代，使得他们很难摆脱自己的思维定式，所以，我们也要理解他们思想的局限。

但是，现在的社会已经变化了，当科技发展到一定的水平，对于社会成员体力的要求已经不那么强烈了，对于智力的需求更多。实际上，科技越发达，社会对体力劳动的需求就越小。在体力上，我们可能和男生有区别，但是，你要相信，在智力上，我们和男生没有区别。他们能学会的，我们一定也能学会；他们能做到的，我们也一定能够做到，甚至做得更好。

山再高，往上攀，总能登顶
路再长，走下去，定能到达

小林漫画

现在，女性能从事的工作和男性已经没有区别，所有的行业都有杰出的女性从业者，无论是教育行业、服务行业、出版行业这些传统上被认为是女性比较擅长的行业，还是医学、基础科学、法律、建筑、行政管理这些被认为是男性比较擅长的行业。

实际上，女性有比男性更为敏锐的感知力和细致的洞察力，可以注意到男性容易忽略的部分，做出一些杰出的成就。

想要被别人尊重，想要改变传统的偏见，抱怨是没有用的，得拿起手中的书，好好学习。要知道你习得的知识越丰富，培养出的能力越强，你将来的选择就越多。

一个人能够有选择，才有说“不”的勇气，而知识、能力、智慧，始终是你能够选择自己生活的底气。

为什么我会突然不高兴

少女的心情，就像是夏天的午后，时而炙热明媚，时而暴雨雷电。这是属于少女的“特权”，因为你的情绪也在成长，你要从简单直白的情绪慢慢进化出更微妙的情感体验啦。生气，也不仅仅是简单的生气，可能包含了忧虑、伤感；高兴中也可能有满足、得意。

我们要成长的，不仅仅是身体

是的，你长大了，你接触了更多的世界，你懂得了更多的道理，你的情绪开始变得能够体会更多微妙的小小的变化。你逐渐能够分辨更多曲折幽微的情感。这些猝不及防来向你报到的情绪，你需要去学会接受，懂得分析，然后，再恰当地处理它们。

就像成长过程中，我们的身体会发生一系列的变化，我们的情绪体验也有一个逐渐成长丰富的过程。看到花开而欣

平和的你
才最美丽

小林漫画

喜，看到花落而悲伤，那是因为你已经不像小的时候那样看到花就仅仅觉得它漂亮，而是通过这朵花，能够看到更广阔的世界。从一朵花的开与败、盛与衰，你会联想到生命，你会更多地理解到生与死，你有了见微知著的能力，可以用自己的感知更细致地去感触世界和生命了。

这样的能力构建了我们对社会的认知。我们了解到了这些情绪，才能够去认识自己和理解别人，建立起我们自己独立的精神世界。

接受和管理

虽然，我们都觉得这样飘忽的情绪，是很正常的事情，接受这样的成长不需要害怕，但是成长可不仅仅是接受而已哦。真正的成长，是接受、消化和管理。

接受，是不要害怕，要明白自己所处的特殊的时间段，就是比较容易产生这样的情况。

但是仅仅接受是不足够的，我们始终要学会稳定好自己的情绪。平稳的情绪，对我们自己，对我们和别人的沟通是很有帮助的。

能够好好地说话，清晰地表达自己的观点，平静地分析问题，是非常重要的能力，也会给我们将来的工作和生活带来重要的助力。细微的情绪感知能力，可以帮助我们更好地了解情况。控制好自己的情绪，能够冷静地表达和陈述，则可以帮助我们与他人有效沟通，更好地解决问题。

你一定不希望别人用激烈的情绪、放肆的语言来对待你，那么同样的，你不希望的事情，别人也不希望。

我们都会有一些负面情绪，虽然你的所有悲伤、痛苦、愤怒，都有自己的理由，但是，调动自己的能力，利用好身边可以帮助你的资源，你可以有效地管理和调节好这些情绪，从而最大限度地减少负面情绪的困扰。充足的睡眠、适量的运动或者和小伙伴聊聊天，也都有助于自己度过这些灰色时刻哦。任何人的一生，都会经历一些灰色的时刻，但是，不被这些情绪压倒的人，才是真正的英雄。

不要被情绪控制。接受，消化，我们生来会有悲喜，没有悲剧就没有喜剧；没有眼泪，欢笑就无从谈起。恰恰是因为有过这么多的悲伤体验的衬托，欢乐才弥足珍贵。

愿我们
都有能力爱自己
有余力爱别人

小林漫画

爱，是一种能力

这个世界上，有些事情是本能，有些事情则是后天习得的。爱是一件很复杂的事情。我们天生有爱的能力，爱父母，爱亲朋，爱自己。虽然爱是一种本能，但是，作为一个完整的人爱上另外一个人，却是一件我们自己都无法控制的事情。

一个人爱上另一个人，首先，你要确保你是一个完整的人，这个完整，是说你已经是一个生理和心理都发育完全了的成熟的人。

爱似乎是很简单的事情，到了该发生的时候，就发生了。我们学习着去爱我们亲人以外的人，学习着，试探着，希望能够得到回应。是的，我们每个人都会爱上另一个人，也许因为他好看，也许因为他有趣，也许什么也不因为，只是某一个瞬间的微笑太过灿烂。

爱的萌发，是到了某时某刻，就自然而然发生的事情。但爱是一种能力，萌发有多么容易，保护就有多么艰难。

包容、分享、怜惜，
恒久绵长、不离不弃，
才是愛

小林漫畫

尊重他

爱，和相爱，这是完全不同的两件事。

爱，只是你单向的情感，你可以爱很多：爱小鸟，爱花朵，爱明媚的秋波，爱起伏的山峦，当然，也可以是爱某一个人。

可是，爱上一个人，可与爱上小鸟、花朵不一样呢。小鸟也好，花朵也好，它们不会感受到你的爱，你的情绪打扰不到它们。你可以每天向小鸟表白，向花朵倾诉，它们不会觉得你厌烦，你也不会要求小鸟向你回应、花朵来爱上你。

当爱上一个人，对方和你一样，也有着丰富的情感。所以，你最忐忑不安的是你希望你的感情能有回应，你的爱意能被接受。而因为对方也是一个独立的人，所以，不是你希望的，就会实现。

无论能不能被对方回应，我们都至少要做到尊重他，尊重他的决定，尊重他的情感。

我们不可以强迫自己爱上一个自己不喜欢的人，同样如此，我们也无法强迫别人来爱上我们。

爱上一个人，是自己的事情，酸甜苦辣，可以自己一个人慢慢体会，对方回应了，当然就变成了甜蜜的相爱，但是一个人守护这份悸动，也是美丽的体验。不打扰、不强迫、不抱怨，我们尊重他，我们珍重自己。

不懂自爱的人
给别人的爱都是假的

小林漫画

珍重我

一份好的爱情，应该是什么样的，确实很难有标准。每个人的性格不同，经历不同，遇到的人也不同，得到的爱情也都不相同。

虽然如此，但是有一些标准，我想是永远不会变化的。

不离不弃的陪伴，逆境之中的激励，发自内心的欣赏，始终保有自我的清醒以及互相之间的信任。有这一些，也许略可以描绘爱情的模样。

千万不要忘记爱一个人还有一个前提，是“爱一个人”，这个人，就是你自己。你要有自我，你才能去爱对方；你也必须有自我，对方才能来爱你。你不是抽象的，你不是宏观的，你有自己的长相，有自己的声音，有自己的脾气，有自己的才能，有自己的爱好，有自己的气息，有自己的思想……是的，这一切的一切，组成一个独特的你。这一切的一切，都来之不易，珍重你自己，是与其他人没有关系的事情。即便在爱情中，你也始终是自己的主人。

爱自己，珍重自己；爱别人，尊重别人。也许我们的爱情会有遗憾，会不那么完美，但是，至少在任何时候你回想起这段感情，你不会后悔你付出的时光和你的真心。

爱情有很多种，真心只有一种

每个女生都向往自己是公主，拥有开不败的玫瑰和骑着

希望有人会觉得

认识我是件幸运的事

小林漫畫

白马的王子，那些轰轰烈烈的情感，至死不渝的誓言，都曾是我们幻想过的场景。电视剧里的每段爱情看上去都是如此美好，如此特别。

可是生活中的爱情和电视剧里的如此不同。有些人的爱情在日复一日的平淡里消磨；有些人找的另一半既不多金也不帅气；有些人没有豪华的宴席，华丽的婚纱。

这个世界上的每个人都不相同，他们对自己的另一半，也有各不相同的需求。轰轰烈烈有轰轰烈烈后的寂静，平平淡淡有平平淡淡中的温馨。不能够比较哪一种感情更好，只要这份感情中的真心不假，什么样的形式都值得我们尊重。

我想自己待着

我大概是古怪的人，我想找一个地方自己待着，不要被人找到，特别是爷爷奶奶、爸爸妈妈。他们每天都在唠叨着我不想听的话，我说的，他们也完全不能理解。我觉得好烦、好累，我只想静静地一个人待着。

独处，是成年人的特权

你不古怪。每个成年人，都有独处的权利，能够享受独处，这是我们长大的标志。没有人会放心让小朋友独处，也没有小朋友愿意独处，他们会害怕，会不安，会大声哭泣。当你长大了，你需要一个空间，来想自己的心事，处理自己的情绪，你要消化成长中的挫折，你的记忆深处要存下点滴的悲伤和欢乐。这些事情，任何一个成年人，都是需要在一个独处的环境下完成的，不仅仅是你。

可能你以前并没有独处过，你的长辈父母也没有发现，

春风十里
不如读书的你
小林漫画

原来你成长到了可以独处的年龄。你开始学习，逐渐适应着成年人的生活。当你愿意独处，这也是一种学习。

是的，享受一个人待着，不是什么坏事，只是你一定要找一个安全的地方，你的秘密花园，一定要足够安全。孤独并不意味着孤僻。要知道，所有的一切，都不如你的安全重要。独处，更多是一种心境，是能够在喧嚣热闹之中保持一点冷静，是在人群欢笑之间有清醒的认知。

我们终将离开

父母很唠叨，长辈不能理解你。你说的话，他们都听不懂，或者你觉得他们根本就没有认真倾听过你的声音。你觉得委屈，你觉得烦闷，可是你想过吗，所有的交流，都是双向的，当你觉得你的话不被重视和倾听，长辈们是不是也觉得，他们对你说的话，你也没有认真思考呢？

对与不对，有用没有用，是要你先听，然后去进行思考的。长辈的人生经验，有他们的局限性，可也有着他们最朴素的愿望。虽然这些愿望未必适合你，但是这其中的道理和经历，未必不值得你去思考。

我们终将从父母的身边离开，这种离开不仅仅是指距离上的，更多是心理上的，我们从心理上会独立出去。在此之前，尝试着去理解父母和长辈的人生。作为后辈的我们，比他们受到更多的教育，教育使得人可以更好地包容别人。试着站在他们的立场和角度看一下，然后再决定是听还是不听

除了家
哪里都不好
但只有离开家
才能成长

小林漫画

他们的建议。

他们是我们的一部分

也许，你会听到有人说，你长得真像你爸爸或者你妈妈，或者是和你有亲缘关系的某一个人。这种生物学上的遗传，是不可避免的，我们不得不承认，父母是我们的一部分。

我们不可避免地受到他们的影响，这种影响可能是正面的，也可能是负面的。我们需要努力做到的，是尽量把正面的影响放大，克服负面的影响。

你好，这位姑娘

经过了这么多的生理和心理的成长，终于，我可以和你打个招呼，这个招呼不再是对着一个小女孩，而是对着一个姑娘。

这位姑娘，你好，郑重地向你行礼，为了你终于开始青春的旅程。也许，你生活的地方并不那么有趣，也许你的处境也不算太顺利，你除了以上的那些事情，还有着许多的烦恼。但是，不管你愿意还是不愿意，你终于变成了一个少女。

这意味着，你的身体和心智开始成熟，意味着你将要承担起自己的人生，意味着你要一步一步走出自己的道路，决定自己的命运。你可以为自己做决定了，但是，你必须对你做的决定负责。

成长，不是代表着更多的乐趣，恰恰相反，成长往往伴随着更多的职责和思考。你想要什么样的人生，你就要做出什么样的抉择。

也许你想要离开你生活的这个地方，也许你希望自己有更好的前途。这些都没有问题，当你做了决定，你就要有更多的行动，来实现自己的希望。我相信，在所有的行动计划里，读书，是最快最有效的方式。

你现在正在学校里，功课也许枯燥，但是，学习知识从来都是改变一个人最有效的方法。掌握了足够多的知识，你才拥有改变人生的能力。

是的，你长大了，你的世界不再是童话故事，不再单纯地只有好人与坏人。这个世界既不是完全的温暖友善，也不是全然的冷漠残酷，更多的是平淡和挣扎。作为一个普通人，我们要获得一些东西，是很难很难的，需要努力、坚持、勇敢和一点点的运气。相信我，你现在手中枯燥的知识，会成为运气的基础。

你可以离开，也可以留下，世界足够广阔，只要不放弃，你终究会实现很多心愿。

我愿你有不放弃的坚韧，也有甘于平淡的勇气，好好地度过这一生。

人生的必修课是苦难

人生的选修课是快乐

小林漫画

我才不害怕

我知道我长大了，

于是我觉得周边

有很多眼光让我害怕。

有些以前很亲切的人，

突然之间让我觉得不舒服了。

我有点害怕。

不能碰的地方

你有没有听到过一句话，就是小内衣覆盖的地方不能被人触碰。小内衣是指我们的胸衣和内裤。这些区域，是绝对不允许别人碰到的地方，陌生人不可以碰，熟人也不可以碰，即便是医院检查，也一定要同性的护士或者妈妈、其他女性亲戚在场哦。

严格来说，其实不能碰的地方，不仅仅是这两个区域。来，我们来画一个小人，你可以圈出一些地方，是你觉得不喜欢被别人触碰的地方，可以是头发，可以是胳膊，可以是手，可以是你觉得不舒服的任何地方。当你清楚地知道，哪些地方是不希望被人碰到的，之后有人来触摸你的这些部位，不管是谁，你都应该清楚而坚定地告诉他：我不喜欢被人碰这里。又或者，你也说不清楚到底是哪些地方，没关系，只要是你觉得不希望被别人碰触的位置，你都可以拒绝。

这是你的身体，只有你最了解，当然，你也最有权利拒绝。不要害怕，拒绝没有想象中那么难！

不要拿自己去冒险

做一个勇敢的姑娘，并不是说要做一个冒险的人。姑娘，你还有一点小，所以首先要知道，哪些事情我们可以做，哪些事情我们不可以做。最低限度，我们不可以把自己暴露于危险之中。勇敢包括了善于判断形势，了解如何才能最有效地避开风险。

夜晚的时间，往往代表着危险，所以当夜晚降临，我们尽可能地不要出门，如果一定要出去，也要请家人陪伴我们。

黄昏无人的小巷，可能有着未知的风险，所以放学回家的时候，我们还是要走大路，避开小巷。如果实在避不开，也要尽量缩短路程，快速地走到大路上去。

夜里经营的酒吧、网吧、舞厅，不适合我们这个年龄，纵然好奇也不要轻易去尝试，说实话，聪明如你，也未必会觉得这是多么有趣的事情。

不要单独和成年的异性在密闭的空间相处，室内或者室外，都需要有人陪伴。哪怕是老师给你补课，也要挑选一个光线明亮、周边有其他人的公共空间，只要相对安静即可。

不要和陌生人，无论是同性还是异性，前往他们指定，或者他们要求你前往的地方。一个正常的成年人，遇到问题会去找警察，会去找和他们一样的成人。如果是问路，你只需要指出方向，并不需要和他们同行。也不要拿或者吃他们给的东西或者食物，如果不是早有准备，很难相信成年人在陌生的地方会随身带着这些东西。

不要觉得和女同学在一起，就可以结伴走夜路或者不安全的小道，毕竟你们都并不强壮，真的发生事情，很难对抗暴力。

路边或者公共场合，没有人看管的饮料、水和食物不要去拿。你无法知道，这些食物是不是受过污染，即便它再诱人，我们也千万不要去吃这些有可能被污染了的食物。

如果遇到了有人尾随，或者你觉得不大安全的情况，立刻往人多的地方去，也可以求助警察，这是最有效保护自己的方法，而不是随意奔逃。

你现在是个姑娘了，你像一颗明珠一般耀眼，像一朵鲜花一般娇艳，不要让自己受到伤害，小心地保护你的美丽。

我没有错

如果，我是说如果，你遭遇了不好的事情，有人违背了你的意愿，强行与你发生了性关系，侵犯了你的身体。无论这个人是谁，只要你是不愿意的，或者你未满14周岁，那么他就是犯罪了。请第一时间报警（更详细的指南见第125页）！是的，这是很严重的刑事案件，需要公安机关和检察院的介入，这个人应该接受法律的制裁。

这绝对不是你的错，即便你在黑夜，即便你一个人走过小巷，即便你单独与他相处了，那也不是你的错。我们当然应该保护自己，使自己免于陷入未知的危险，可黑夜、小巷、独处，绝对不是他们犯罪的理由。

姑娘，你没有错！不要自卑，不要害怕，我知道你会很痛苦，你会很介意，但是你千万不要自责。

你受到的伤害，会有公正的法律为你讨回公道。但我知道，这只能是一种安慰，并不能减轻你的痛苦，你会懊恼，

除了死 其余都是擦伤

你会悲痛，你会害怕。但是，你要知道，你没有错！你要有这样的底气，告诉自己，你没有错！伤口终会结痂，痛苦总会缓解，我们不要用别人的错误来惩罚自己。

你的人生还很长，你还会有自己的未来，有自己的爱情，有自己的生活和家庭，这些不会因为别人的错误而不到来。

姑娘，我知道这很难，但是，放下悲伤，勇敢点，你和别人没有不一样！记住，你没有错！

不必只是等待暴风雨过去
而是要学会风雨中起舞

小林漫画

可能是，你最关心的事

我的世界，越来越大，

我关心的事情，越来越多

我最关心的事情，

却不知道向谁说才好

我的脑中出现了无数个问号，

却不知道答案在哪里。

为什么要对我们进行性教育

答：青春期是人生中非常美好的时期。每个人都会经历这一阶段，无论是身体、心理都在向成人发展，而在这一阶段，也渐渐地明事理，开始懂得思考，对身体的一切有越来越深的认识，就像一只蜕变的蝴蝶。同时，处于青春期的女生对于性懵懵懂懂，如果这个时候，有人给予正确的性教育，会对她的一生有益。

因为，在社会心理不成熟的情况下，对生理的发育以及由生理的发育而萌发的性心理，如果缺乏科学的理解，女生比较容易因盲目性行为受到伤害，甚至误入歧途。在人生观开始形成的青春期，学习正确的性知识，将有助于女生分清是与非、美与丑、善与恶，建立起道德感；有助于女生形成与异性交往的行为准则，自尊自爱，端庄大方；对于来自内心的青春骚动，能够用理智管理自己；对于来自社会的性刺激、性骚扰，能够洁身自爱，不随波逐流。

青春，是美好又短暂，浪漫又难忘的。在青春期学习和掌握正确的性知识，将为我们一生保驾护航。

生理问题

1. 月经超过十几天，是否正常？两三个月没来月经怎么办？初潮后就一直不来月经了怎么办？月经到多少岁才会没有？

答：初潮不久的女孩月经周期不规律，这主要是因为青春期女性的卵巢功能尚未发育完全，排卵尚不稳定。有些女孩要经过2~3年才建立起规律的月经周期，这是正常的，不必焦虑。但如果月经超过3个月没来，或者月经来时血流不止、有气味，伴有头晕心慌等情况，这时候你就要去正规医院看妇科。

女人停止来月经叫绝经。绝经是因人而异的，农村和城市妇女也可能存在差别。一般来说，绝经时间在45~55岁。绝经时间的早晚还和环境、遗传等因素有关系，比如说母亲绝经比较早，她的女儿可能绝经也早；如果母亲绝经晚一点，可能女儿也会晚一点绝经。

2. 月经期间大量出血，是不是不正常，怎么办？月经量少怎么办？

答：正常的经期出血量在20~80毫升，但是每个女性经期出血量是不同的。有的女性经期量特别多，另外出血时间也比较长。如果超过80毫升（可能在日常生活中很难用毫升来测量月经的多少，简单来说，每天用卫生巾超过10片湿透），尤其是伴有头晕眼花，可能就是月经过多。如果经期比较短，出血量也比较少，没有超过20毫升或者出现点滴即净的情况属于月经过少。无论是月经过多还是过少，都需要去医院检查一下哦。

目前国际上普遍采用月经失血图（Pictorial Blood Loss Assessment Chart）对月经量进行评估。

月经失血图

月经失血图是根据每张卫生巾的血染程度的不同，给予不同的评分。

轻度（1分）：血染面积<整张卫生巾的1/3；

中度（5分）：血染面积占整张卫生巾的1/3~3/5；

重度（20分）：血染面积基本为整张卫生巾。

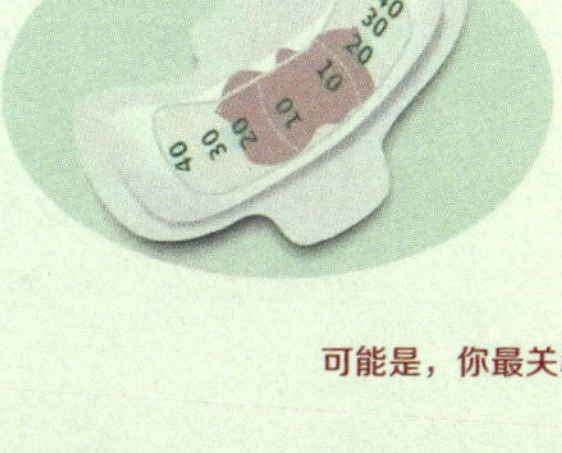

血块大小的评估：

<1元硬币者为小血块，评分1分；

>1元硬币者为大血块，评分5分。

将每张卫生巾的评分、卫生巾数量、月经天数都记录在案，最后算出总分。总分>100分，则为经量过多（多于80毫升）；总分<25分，则为经量过少（少于20毫升）。

3. 为什么会痛经？痛经可以吃止痛药吗？

答：女生在经期出现的下腹坠胀、疼痛不适的感觉叫作痛经。疼痛程度各有不同，有隐隐作痛的，有痛得直不起身的，也有痛到撕心裂肺、卧床不起的。

青春期女孩痛经，多为精神紧张，可做做深呼吸、肌肉放松练习，以舒缓情绪、缓解疼痛。月经是一种正常的生理现象，来月经是生殖系统开始成熟的信号，因此不必有顾虑，更不要紧张和恐惧，应该保持心情舒畅、精神愉快。做些自己喜欢做的事，把日常生活中的烦恼和不愉快的事情丢到脑后，不要记挂心上。这样，会使疼痛得到缓解。同时增强体质，对减轻或消除痛经大有好处。在月经期间，可在户外做柔和的医疗体操，主要是活动腰部，同时对腰部进行按摩，也会使疼痛减轻。尤其在月经来潮前夕，多走路或从事其他适度的运动，将使你在月经期间较舒服。另外也要注意保暖，月经期间不要受凉，否则会加重疼痛。保持身体暖和可以加速血液循环，尤其是下半身。应多喝热水，喝些热的红糖鲜姜水，可以祛寒，有利于减轻疼痛。

如果足够勇敢说再见

生活便会奖励你一个新的开始

不过，有些痛经也可能是器质性病变。若剧痛难忍，就要去见医生，服用药物，要听从医嘱，不可乱吃，更不可多吃。

4. 来月经的时候身体很不舒服，要注意什么呢？

答：在经期，女生的身体相对虚弱，抵抗力有所下降。所以在经期，要注意保暖，避免着凉；不吃生冷刺激的食物，以免血管收缩，不利于经血排出，引起痛经；避免做剧烈的运动，适当降低体力活动的强度，并保持心情舒畅。

在经期，尽量穿宽松的衣服，洗澡洗头要注意水温，避免水温过低而引发感冒；要注意生殖器官的卫生，在上完厕所擦屁股时，要从前往后擦，避免纸巾上沾到粪便感染阴道；每天要更换干净的内裤，避免细菌感染，换洗的内裤最好能在阳光下暴晒晾干；使用干净的毛巾，尽量不与他人共用，擦身体的毛巾也最好能在阳光下暴晒晾干。

5. 经期可以洗衣服吗？来月经的时候可以洗澡洗头吗？

答：可以洗衣服，可以洗澡洗头，洗澡洗头要注意水温，避免因水温过低而引发感冒。

6. 生理期我们不能碰凉水，但是我们这边没有热水，怎么办？

答：月经期间别碰冷水主要是避免冷水刺激子宫收缩，对经血的排出造成影响，但偶尔一两次短时间碰到凉水，一般问题不大，以后注意避免即可。

月经期间要注意保暖，避免受湿受凉。在月经期时，常常有腰酸、下腹坠胀、周身无力等不适感，身体抵抗力下降，容易患一些疾病，要注意避免受湿或受凉，如雨淋、蹚水、冷水洗澡、游泳、寒冷天长时间在户外等。

同时在月经期间要时刻注意卫生，否则容易引发妇科疾病。在经期一定要使用卫生巾，想要保证卫生，还要注意勤换卫生巾。卫生巾长时间不更换会滋生细菌，而女性在经期免疫力低下，更容易被细菌感染，因此女性在来月经期间每两至四小时更换一次卫生巾，不要等卫生巾完全湿透才更换。女生要养成清洗外阴的习惯，但是在经期时用清水清洁即可，要注意不能坐浴，洗澡时一定要采取淋浴的方式。清洗外阴时用清水清洁即可。不要滥用洗液，避免造成阴道酸碱度失衡，反而不利于生殖系统健康。清洗完毕之后，不要随意使用纸巾，要使用干净卫生的毛巾将外阴擦干净。

7. 来月经是一件羞耻的事情吗？来月经怎样跟男老师请假？来月经的时候要穿什么样的裤子才不会被男生看见？

答：女孩来月经是正常的生理现象，不要有心理负担。月经是女孩子们成长的一个很重要的标志，是你迈向成熟非常重要的一步，代表一个女生在生理方面成熟了，这时女孩子们多了一个“亲戚”——“大姨妈”（“大姨妈”是大家对月经的一种通俗称呼）。“大姨妈”其实挺友好，是我们的好朋友，没必要排斥。月经，并不是一件让人觉得不好的事情，和“羞耻”两字完全搭不上边，这是每个女生都会经历的。相反，月经会给我们女生带来不少好处。

人生那么多无聊时间
就是为了让我们
好好思考

小林漫画

女性能维持正常的月经周期，代表女性的卵巢功能是正常的，能够维持正常的生育功能；同时卵巢功能的正常维持能够避免女性提前进入老年期；能够降低心血管疾病的发生率，降低骨质疏松的概率。如果月经来了，直接跟老师说“来例假”就行了。

想要防止月经漏出，白天要勤换卫生巾，夜间可以用加长款；也可以选择经期内裤（防漏内裤）。

8. 一天大概换几次卫生巾？如果常常不换卫生巾，会怎样？

答：原则上两至四个小时换一次，量多的时候，卫生巾满了就该换。如果常常不换卫生巾，容易滋生细菌，引发炎症和妇科病。

9. 来月经的时候没有卫生巾怎么办？在教室或室外突然来月经怎么办？

答：如果来月经了没有带卫生巾，可以向女同学借一下，也可以向女老师借用一下。

月经是女生正常的生理现象，在青春期，这个“亲戚”可能会不期而至，这都是正常的生理现象，没有什么可羞耻的，而且老师和同学都会理解。

如果暂时没有卫生巾，也可以用卫生纸来代替，减少尴尬；同时尽量坐着不要动。一般来说，突然地站起来或坐下都可能导致经血流出过多。因此，来月经没带卫生巾时，请在去厕所换上卫生巾的替代品以后，尽可能地保持坐姿，以免经血过多流在裤子上。

如果在教室或者室外突然来的话，就直接跟老师说来例假就行了，然后跟班上女同学借一下卫生巾，或者回到宿舍使用卫生巾。这都是很正常的事情，不必难为情。

10. 为什么卫生巾上面有血块，黑色的血块是什么？

答：正常情况下月经血是不凝固的，如果月经里有血块，月经量可能就超过80毫升了，可能是月经过多，可以去正规医院看看医生；也有可能是内膜脱落造成的。如果身体没有异常（如十分剧烈的疼痛），不需要特别处理，等到月经期结束就好。

11. 为什么我的同学都来月经了，我的还没有来？

答：女孩第一次月经来潮，称为初潮。有的可能提前到11~12岁，也有的要晚到18~19岁。月经初潮是青春期的重要标志之一，但初潮时卵巢功能尚不稳定，故月经周期不规律，以后会逐渐由不规律变为有规律。事实上，到了十四五岁尚未月经来潮的女生并不少见，这不算是异常。因为每个人的情况都各不相同，你的生殖系统尚未发育完全，尚未达到月经来潮的激素水平，所以暂时没有来潮，假以时日可以自行来潮的，不必特别担心。

如果8岁以前出现月经初潮，应警惕是否有性早熟现象，如果18岁仍无月经初潮，应警惕是否有发育迟缓现象，这个时候你就要去正规医院请教医生了。

12. 男生有月经吗？

答：月经是女生特有的，所以男生不会像女生那样有月经，但男生也有他们青春期的变化，例如遗精。当男生出现遗精的时候，也就标志着这个男生生殖系统发育迈向成熟。

13. 为什么来月经的时候会情绪暴躁？

答：月经期间，女性身体抵抗力较差，激素分泌水平相较于非月经期间不同，所以会造成情绪暴躁不安的情况。这是正常现象，不要责怪自己，注意控制自己的情绪。

14. 如果妈妈不在，怎样跟爸爸说来月经了？

答：如果你第一次来月经，可以对母亲或其他女性亲属或女性老师说明情况，请她们指导你怎样使用卫生巾及怎样注意经期卫生。

如果妈妈不在家，是可以告诉爸爸的。毕竟自己的父亲是你最亲的亲人之一，每个父母都会疼爱自己的孩子，而且来月经是每个女孩子成长过程中必经的，这是正常的生理现象，不要害羞。

15. 月经滴在内裤上，要怎么洗？内裤穿多久换一次？

答：只要及时清洗，血迹很快就可以洗掉，如果时间长了，可以浸泡久些再洗。即使内裤没有血污也要每天换干净的内裤噢。

16. 内裤使用多久更换？怎么洗？

答：（1）在经期，女性往往需要在内裤里衬贴上卫生巾。现在的卫生巾使用也比较方便，背后的黏胶可以让卫生巾牢牢地粘在内裤上。问题是这种胶不会因为洗涤而完全从内裤上清除。如果是质量较差的卫生巾，过多的黏胶粘在内裤上，用手都能摸得出。使用带黏胶的护垫，如果未来得及清洗，残留的黏胶会直接接触阴部，可能导致阴道炎和外阴炎。

因此，女性经期时穿的内裤最好固定几条，平时不要穿。而非经期时，则不要用带黏胶的小护垫。

（2）内裤至少半年一换。一般情况下，使用频率较高的内裤，最好半年一换。如内裤出现变形、材质变干硬、污渍洗不净的情况，就得及时更换。

（3）内裤换洗最长不要超过2~3天，养成勤洗勤换内裤的习惯，建议每天更换。清洗时要和外衣裤分开，尽量用肥皂/洗衣液手洗。另外，内裤最好单独放置，可以买一些专门的收纳袋，或者装进干净的塑料袋中，以免沾上灰尘和细菌。

17. 如何做生理保健当中的月经日记？

答：青春就像一朵含苞待放的花儿，花骨朵已经长成，就等待那春日阳光的照耀，花朵积蓄着青春的朝气蓬勃绽放。关于青春，有她自己的标记，比如月经。月经与女孩，就像月亮与潮汐，周而复始地开始着体内的循环。她神秘又美丽，理性又羞涩。女孩儿们爱她也敬她，爱她天生带着柔情，呵护我们的身体，周期地清理子宫腔，更新着我们的那层柔软的子宫内膜；敬她因为她是孕育生命的开始，神圣而伟大。月经展现着生命的伟大与顽强。因为周期性的月经来潮，都会伴随着内膜剥脱，经血流出，体内铁质的排出，帮助女性降低炎症的风险，完成卵巢分泌激素作用的使命。当月经来潮似洪水般凶猛时，这小小的卫生巾

静守时光
以待来年

小林漫画

舞台不足以容纳她的豪放；又或者如果左等右盼中，月经还是调皮地缺席不来，我们应该寻求白衣天使——医生的帮助。月经这个小调皮时常捉弄我们，比如清晨起床发现被褥床单被印上了红色小花；又或者嬉戏打闹，课间跳绳跑步时，她就溜出来透个气，在裤子上留下血斑，让我们女生羞涩生气又无奈。那怎么出招应对这个小调皮呢？我们有制胜法宝——月经日记。月经的记录包括月经来潮的第一天和来月经的情况，比如她陪伴了我们哪几天，来的时候量多、量少还是中等呢？月经周期当中有什么不舒服，比如痛经、头晕、恶心、出汗、腰酸等等。记住喔，月经周期是从月经来潮的第一日起至下次月经来潮的前一日止。当然遇到考试等情绪紧张、环境变化、药物等因素也可能引起月经周期的变化。

正常的月经周期每个人相对有自己的特点，比如有的

2021年6月

周一	周二	周三	周四	周五	周六	周日
	1	2	3	4	5	6
7	8	9	10	11	12	13
14	15	16	17	18	19	20
21	22	23	24	25	26	27
28	29	30				

例假　痛经　流量

女孩子月经周期是30天来一次，有的女孩子月经周期是28天，还有的人可能总是推后几天，比如35天来一次。正常月经周期有个范围，21~35天都是正常的喔。月经周期天数波动在7天内也属于正常现象呢。比如上次月经是4月1号来的，下次月经还是5月1号，那月经周期就是30天；比如月经上次是4月5号来的，下次月经是5月1号，那么月经周期就是25天，总是提前5天；如果月经是4月1号来的，可是月经总是推迟5天才来，就是5月5号来，那么月经周期就是35天。反过来，我们找到这个小调皮的规律之后，就不怕她总是搞突然袭击让我们难堪了。如果现在这次是1月1号来的，那么月经周期是30天，我们就知道应该是1月31日来月经，这样我们就可以有备无患，提前带好卫生巾，这样，小调皮就没有办法让我们难堪啦！

18. 为什么乳头会变大变凸？胸在发育时胀痛，能不能不穿内衣？

答：我们正处在青春发育期，在性激素作用下，性器官慢慢发育成熟，乳头有时会耸立起来，胸部会胀痛，这是正常现象，是发育成熟的表现。胸在发育胀痛时，应该选择宽松、棉质的内衣。

19. 我现在初中了，感觉到自己的胸部一天一天地在变化，我有什么需要注意的？

答：（1）避免外伤。乳房是我们女生最为重要的器官之一，在上体育课的时候或者在家里劳动，要注意保护乳房，避免撞击伤或挤压伤。（2）做好胸部健美。适当多做些扩胸运动或俯卧撑、扩胸健美操等。（3）营养要适度。不能片面地追求曲线美而盲目地节食、偏食，摄入适量蛋白质和脂肪，能保持乳房丰满。（4）注意姿势。平时走路要抬头挺胸，收腹紧臀；坐姿也要挺胸端坐，不要含胸驼背；睡眠时要取仰卧位或卧位，不要俯卧。（5）不可因害羞而过紧地束胸，也不要穿紧身内衣，束胸对少女的发育和健康有很多害处。（6）青春期女孩子乳房发育，由于内分泌的原因，每当月经周期前后，可能有乳房胀痛、乳头痒痛现象。这时女孩子们千万不要随便挤弄乳房、抠剔乳头，以免造成破口而发生感染。（7）你可以把乳房发育的情况告诉妈妈或者你信赖的女性老师，以便及时得到必要的保健指导。

20. 我什么时候可以戴胸罩？

答：个体差异性较大，一般情况下，可用软尺从乳房上缘经乳头量至下缘，上下距离大于10厘米时即可戴胸罩。

21. 为什么年龄一样，乳房大小不一样？乳房发育比同龄人慢，怎么办？

答：每个人发育有早有晚，有些人的变化出现得早，有些人会比别人晚一些，所以年龄一样，乳房大小不一样，这都是正常的。

乳房的主要功能是分泌乳汁，在怀孕后乳房会继续发育。乳汁的多少与乳房的大小无关，许多乳房较小的妇女都能成功哺育婴儿。

很多少女为乳房的大小烦恼，其实每个人的体型不同，不同体型有不一样的美，总会有人欣赏。

22. 我发现自己左右两边乳房大小不一样？

答：青春期的少女两侧乳房大小不一样是非常正常的，不需要特别担心，你可以注意睡眠姿势。一般随着你的长大，两侧乳房就会慢慢发育成差不多大小的，你没有什么不舒适的感觉就不需要在意，慢慢享受成长的快乐和长大的过程。如果你的乳房左右两边的差距过大，可以先咨询一下女性家长或师长，看看有无必要去医院就诊。

23. 我感觉我的乳房过大怎么办？

答：女孩子进入青春期胸部发育是正常现象，每个女生在青春期都要经历这个阶段。只是这个过程每个人都不一样，有些人快有些人慢，个别同学胸部发育过快，在同学中比较明显，会有一种被排斥的感觉，这在刚刚进入青春期的时候是常见现象。一般来说乳房的大小是跟个体相关的，只要不是异常的大，都是我们正常的生理发育，不需要过分担心胸部的生长。我们就顺其自然，慢慢习惯。如果确实觉得自己乳房过大，怎么办呢？乳房过大，可能是由于肥胖的问题，需要进行充分、全面的体育锻炼，以减少全身的脂肪。

24. 母乳是怎么来的？

答：孕妇在怀孕的过程中，体内就会产生大量的雌激素和孕激素，雌、孕激素的协同作用会刺激乳腺的腺管发育，腺泡细胞增生为哺乳做准备。怀孕之后胎盘也会产生胎盘生乳素，还有催乳素。在怀孕的过程中，因为雌、孕激素可能对胎盘生乳素和催乳素产生抑制作用，所以在孕期不会有乳汁分泌。但是分娩一旦结束，体内的雌、孕激素会迅速下降，对胎盘生乳素和催乳素的抑制作用就没有了。胎盘生乳素和催乳素的作用就发挥出来，促进乳汁的分泌而产生母乳。

25. 能自己用手去触摸乳房吗？碰了会有什么后果？可以用手去触碰阴道吗？

答：自己用手去触摸乳房是完全没问题的，但是注意首先要清洁好我们的双手；而碰触和伸入阴道，在青春期并不建议这样做。可能因为你的动作粗暴破坏处女膜，或者因长指甲损伤阴道壁和宫颈，又或者会将各种细菌病原体带入阴道引起炎症。

26. 阴道瘙痒怎么办？

答：青春期的女性由于受到激素分泌的影响，外阴和阴道的发育加速，但还不够成熟，因此容易受到外界环境的影响导致瘙痒，有时候还会伴随着白带变黄、有异味等。如果出现这些不舒服的症状，应该及时告诉妈妈，并到正规医院妇科就诊。这里要注意喔，小女生还没有长大，在做妇科检查时要提醒医生不能用窥阴器，只能在阴道外口取一点点分泌物送检查。平时应该勤洗澡并每日更换清洁内裤，非经期不用护垫，不冲洗阴道以免干扰局部酸碱平衡，降低抵抗力导致炎症。经期注意每日清洗外阴。

27. 女生是先长阴毛，还是先来月经？

答：绝大部分女孩子是先长阴毛再来月经，长阴毛预示着第二性征的发育，第二性征发育之后卵巢功能才会逐渐完善。由于个体差异，也有人会先来月经再长阴毛，虽然相对比较少，但是偶尔也会有这种情况。并不是所有的女性都会长阴毛，也有的在一生当中都不会长阴毛，这主要是个体差异引起的。

28. 男性生殖器有性病症状，和他发生性行为，会感染吗？

答：男朋友的阴茎如果有黄色或者绿色的脓性分泌物，或者有溃疡，或者阴茎的龟头上不光滑，长了一些比较像小菜花、小息肉等赘生物，那要暂停性生活。男性需要去正规医院的男科或者泌尿外科就诊。并且每次性生活建议全程戴避孕套，以物理隔离作为屏障，以免被感染疾病。

29. 拉手亲吻会传染性病吗？

答：拉手和亲吻不会传染性病。虽然亲吻不会传染性病，但是亲吻可能传染呼吸道、消化道以及口对口传播的疾病，比如流行性感冒、肺结核、各种流行性肺炎、单纯疱疹病毒、甲肝以及肠道病毒感染等。

30. 发生性行为会痛吗？

答：发生性行为不一定会有疼痛感，如果感到疼痛，很可能是阴道不够润滑或不够放松，又或是男生太粗暴导致的。

31. 男生如果不愿意用安全套怎么办？

答：避孕套又叫安全套，既能避孕又能预防淋病、艾滋病等性传播疾病。如果没有怀孕的打算，对方不肯戴套，就拒绝和他发生性关系。千万不要相信体外射精，即使男性生殖器在阴道口蹭蹭也有怀孕的可能。

32. 每一次性交都会怀孕吗？没来月经期间发生性行为，会怀孕吗？为什么姐姐和姐夫发生性行为，还没怀孕，家里人很焦急，所以是否发生性行为，也有可能不怀孕？

答：性行为目前还没有确保百分百怀孕的方式，因为涉及精子、成熟卵子，合适的时机精子卵子相遇形成受精卵，以及有合适的宫腔环境适合胚胎着床。所以并不是每一次性交都会怀孕，需要天时地利人和。但是如果不注意采取避孕措施，这种天时地利人和往往就发生了。没来月经的时候发生性行为，如果正好是排卵期，怀孕的可能性就非常高。姐姐姐夫是成年人，对自己未来的生活已经有明确的规划和责任能力，备孕可能是他们的近期人生规划之一。正常夫妻一年内的累计自然怀孕率是90%左右，如果只是试了几个月没有成功，是非常正常的。发生性行为确实可能有不怀孕的可能，但是如果想靠侥幸去应对，那么意外怀孕的可能性还是很大的。如果不采取避孕措施，怀孕的概率非常高，并且还未成熟的我们一旦怀孕，可能会造成对身体的严重影响。慢慢长大的我们应该要学会衡量某项行为所带来的后果是否能承受。

避孕失败率只是一种概率，但不采取避孕措施，怀孕的概率就很大。同学们在没有做好怀孕准备的时候，一定要好好爱护自己的身体，尽量不要发生性关系。如果要与他人发生性关系，必须采取避孕措施。

33. 吃避孕药后，为什么不会生孩子？

答：避孕药分为紧急避孕药和短效避孕药，通过服用短效避孕药摄入雌孕激素，抑制身体排卵，从而达到避孕效果。停止服用后，还是会有可能怀孕的。

34. 避孕失败会怀孕吗？流产对身体有什么伤害？

答：在性行为之前，我们就要做好全程避孕的准备，比如生殖器接触之前戴好避孕套。不能先接触再戴上避孕套，在接触的时候少量分泌液里已经有精子了，可能导致避孕失败。如果因为没有使用避孕套，或者避孕套破裂导致避孕失败，应该在这次无保护的性生活后72小时内尽快口服紧急避孕药，并且越早越好。但是这次紧急避孕药对于后续再次的性生活无避孕效果。无避孕或者避孕失败，即便口服了紧急避孕药，如果月经超期1周以上还没有来，那么要考虑是否怀孕。如果验孕棒结果是两条线，提示怀孕可能，那么就要去正规医院寻求专业医生的帮助。

35. 万一意外怀孕怎么办？我如何寻求帮助？

答：如果超过了月经周期还没有来月经，而一个月前又有性行为的发生，这时候就要考虑自己是否意外怀孕了。这对你和他来说都是一件大事情。如果真的意外怀孕了，一个小生命在你腹中孕育，任何的后悔和自责都已经无济于事。无论你俩有多慌张和手足无措都请记住：你们必须要振作起来勇敢面对这一切。你们必须尽早求助于自己的父母或老师或监护人，也许他们会生气、伤心，甚至骂你们，但是请相信他们爱你们，你们都是父母最疼爱的孩子，他们一定会帮助你们，商议下一步该怎么办。如果还没有准备好成为一个母亲，则可以在亲人的陪同下去正规医院找医生帮忙。在你还没有准备好或者还没有完全成熟之前发生性行为，有可能会给你带来身体的伤痛、心理的阴影，还要承受巨大的经济压力。小生命何去何从？两个尴尬的家庭？这甚至会影响你和他一生的命运……这些你都想好了吗？因此，要避免在不合适的年龄发生性行为，以及务必做好避孕措施。

36. 青春期女生自慰正常吗？如果我有自慰行为是不是代表我是不正经的孩子？

答：自慰是常见的生理现象，青春发育期也不例外。自慰是指用手或者其他物体去抚慰自己的生殖器，让身体产生兴奋愉悦的快感。进入青春期后，在性激素的作用下，有些人就会有自慰的行为，这是正常现象。女生和男生一样，都有生理需要，所以青春期女孩不要因为有自慰的念头而自卑，有自慰的行为也无须自责，自慰不代表你是一个不正经的女孩，千万不要对自慰产生内疚感。

民间流传的一些说法，如自慰多了生不出孩子、体质会变差、个子无法长高等，都是不正确的。性学家们经过研究发现，一般性自慰行为对身体并没有伤害，有时自慰还会使人释放压力，缓解焦虑的情绪，控制青春期的性冲突，适度

我的快乐九字诀：

没必要、无所谓、不至于

小林漫画

自慰反而对身心有益处。

但是，自慰是非常私密的行为，一定要在很私人的空间，不让别人看到。注意不要弄伤自己的生殖器，注意卫生，处理好自己的分泌物。如果不注意卫生或者因为摩擦而造成细小的伤口，可能会引起感染，损害身体。

37. 青春痘一般会长多少年？

答：痘痘一般是从青春期开始出现的，女孩子在12岁左右出现，男孩子从13岁左右开始，通常会持续10年左右。但是要特别提醒：饮食辛辣刺激、熬夜或者紧张焦虑等都会促进痘痘的生长，我们要尽量养成良好的生活习惯，不要熬夜。

38. 我总觉得自己很矮，作为青春期女生，我该如何长高？

答：大部分的女孩子在青春期总是很烦恼自己的身高，看到别人瘦瘦高高的样子很是羡慕，自己也会想要有美好的身材，其实身高也可以在后天努力的基础上得到提升。从现在起就多吃些鸡蛋、牛奶、菠菜、胡萝卜和鱼类吧；平时多参加一些体育锻炼，在学校多参加健身类的活动，比如跳绳、跑步、打篮球等等，这些运动对身高发育都有帮助；睡得好才能长得高，缺乏睡眠会抑制女孩激素的分泌，导致发育不良。

不良的情绪也会影响脑和内分泌系统，进而影响长高。要保持良好的情绪，避免不良情绪和过重的精神负担。当然，睡前别忘了自己长高的愿望，睡前我们做双腿压腿运动、拉伸运动。在床上做伸懒腰的动作，或双手摸脚趾，做完休息2分钟，进入睡眠状态使得全身放松。坚持不懈，会有可观的长高效果。以上几点，你能做到吗？

39. 吃减肥药会瘦吗？要怎样才能减肥？

答：吃减肥药对身体有害，不能吃减肥药噢。科学运动和均衡饮食就可以有效减肥，最主要是科学运动。

40. 什么是白带？为什么有白带？来白带是什么感觉？为什么会来白色的黏黏的东西？排卵期是什么？

答：白带为女性阴道分泌物，由阴道黏膜渗出物、宫颈管及子宫内膜腺体分泌液混合而成，其形成与雌激素的作用有关。正常情况下，白带的质与量随月经周期而改变。在两次月经的中间属于排卵期，排卵期的时候，白带增多，白带呈拉丝状，其余的时间也会分泌少量白带。如果白带异常增多、白带有异味、白带发黄，就考虑有炎症，平时要注意卫生，严重时需要去医院看医生。

正常白带呈拉丝状，透明，无色无味；不正常的白带可能是多量、白色稠厚，或者黄绿色，或者泡沫状，或者水样量多，或者有异味。

41. 为什么男生喉结会突出？

答：在青春期，男生在长个子的同时，肌肉更发达，在雄激素的作用下，会出现喉结和胡须，声音会比以前低沉。出现这些生理变化，是人体生长的自然规律，说明身体正在发育，这是值得开心的事情哦。

42. 长胡子了怎么办？

答：青春期发育的女孩长“胡子”没有关系，因为这时候有的女生体内会分泌雄性激素，所以长出了“胡子”。有些女孩为身体某些部位毛多而感到烦恼，甚至忧心忡忡。这跟你在青春期发育比较快有关系。青春期毛发旺盛，属于正常的现象，只要没有生长到多毛症那样的程度，可以暂时不去管它。等你发育到一定程度，随着雌性激素的增加，小胡子自然会消失。

43. 我的家人有艾滋病，朋友邻居都疏远我们，我们要在阴影里生活吗？

答：患有艾滋病确实是件让人非常难受的事情，也会让人伤心害怕。首先要正确认识艾滋病。实际上，艾滋病并非绝症，已经逐渐成为一种慢性病。随着科技的进步，艾滋病可以通过药物控制，而且国家有“四免一关怀”政策。“一免”：免费抗病毒治疗（ART）。即，向农村艾滋病患者和城镇经济困难的艾滋病患者免费提供抗艾滋病病毒治疗药品。“二免”：免费自愿咨询检测（VCT）。即，向所有自愿接受艾滋病咨询和病毒检测的人员免费提供咨询和初筛检测。“三免”：免费母婴阻断（PMTCT）。即，向感染艾滋病病毒的孕产妇免费提供预防艾滋病母婴传播的治疗和咨询，免费提供母婴阻断药物和婴儿检测试剂。“四免”：艾滋病遗孤免费就学。在实际工作中，各级政府相关部门还为艾滋病遗孤和感染艾滋病的儿童提供生活补助。“一关怀”：对艾滋病患者

你永远不知道
未来的你有多强

小林漫画

家庭实施关怀救助。即，对生活困难并符合社会救助条件的艾滋病病毒感染者、患者及其家属给予生活救助。创造条件，扶持有劳动能力的感染者和患者，从事力所能及的生产和工作。

在我们国家，很多艾滋病患者并没有自暴自弃，他们坚持吃药，不擅自停药，有健康良好的生活方式，仍然可以活好每一天，活得很长久。因此，艾滋病并不可怕。认识到艾滋病并不可怕之后，你要给家人树立生活的信心，鼓励和支持家人勇敢地生活下去。当你和你的家人勇敢地面对困难的时候，生活自然也会为你打开另外一扇幸运的窗口。

当朋友、邻居不清楚艾滋病的一些基本知识，如传播途径等，觉得得了这个病，人的生命随时都可能结束，自然会感到很害怕，想要敬而远之。不过我们本身并没有做错任何事情，并不需要躲着亲朋好友，如有机会就和他们科普一下艾滋病的传播途径；如做不到，自己光明正大过日子就好。

艾滋病的传播途径：性行为传播、血液传播（共用了有HIV病毒的注射器；跟HIV患者共用私人物件，如牙刷、剃须刀等；输入了含HIV病毒的血液）、母婴传播（胎盘、产道、母乳喂养）。日常的普通接触并不会感染到艾滋病，如一起吃饭、握手等。

如何对待艾滋病患者：不刻意疏远，给予支持和关爱，主动了解艾滋病相关知识，帮助身边的人更好地理解艾滋病。只有深入了解才能消除恐惧，不恐惧了，才能给予艾滋病患者及其家人更好的支持。

当家人有艾滋病时，在积极治疗的同时，也要增加自己对于艾滋病的科学知识，树立正确的三观并增强自身的心理素质。第一，在朋友、邻居不清楚艾滋病的传播途径时可能会引起恐慌。艾滋病的几个传播途径早就被宣传普及过了：性传播、血液传播、母婴传播。只要我们在生活中多加注意，就可以避免被传染。比如在手上有明显伤口时，避免与对方肢体接触；不和对方共用洗漱用品；不接受过分亲密的行为等等。艾滋病在现代社会中早已不是人人闻之色变的恶魔，得益于现代医学的发展，艾滋病的检测也变得准确许多。如果我们保持定期体检的习惯，注意个人卫生，就算身边有艾滋病患者，和他们正常来往也不会让我们感染上艾滋病。

第二，在这种正确科学的认识基础上，如果朋友、邻居还是刻意疏远，那么我们也不用伤心，生活在阴影中。真正的朋友，在有正确防护时，我们的友情不会因为病魔而改变。如果因此而改变，那么说明这并不是真正的友情，我们又有什么不舍得？人生有舍才有得，有退才有进。来来去去的人，大部分人都是过客，不必过于纠结注定成为过客的人。

青春期心理或情感问题

1. 小时候订的娃娃亲，现在父母逼婚怎么办？我想继续读书，但是家人希望我早点嫁人，我该怎么办？

答：每一个父母都疼爱自己的孩子，无一例外，包括你的父母。但是由于各地的风俗不一样，每个人在他所处的年代有自己的局限性。也许你父母受当地风俗和他们认知的影响，为你定了娃娃亲。但是现代社会提倡婚姻自由，包办婚姻已经过时了，我们女生有权不接受娃娃亲。但你要相信你的父母是爱你的，你应该耐心地和父母做好沟通，可以这样告诉他们：我的年龄还很小，还没有到法定的结婚年龄。我还在读书的年龄，虽然我的成绩未必很好，但我很喜欢读书，读书让我懂得很多东西，可以通过读书来改变我自己的命运，我也会通过自己的努力来报答和孝顺父母。在沟通的过程，要让父母了解你真实的想法，也要让父母觉得你真正的成熟和懂事。受教育是我们最基本的权利，我们每个人都可以努力接受更好的教育。遇到这种事你一定要和父母说受教育是你的权利，知识就是财富，他们不应该阻止你，他们这样做是不对的。你一定要和他们解释得明明白白的，必要的时候拿出一点证据来，所以你一定要好好地念书。正如一位作家所说："孩子，我要求你读书用功，不是因为我要你跟别人比成绩，而是因为，我希望你将来会拥有选择的权利，选择有意义、有时间的工作，而不是被迫谋生。当你的工作在你心中有意义，你就有成就感。当你的工作给你时间，不剥夺你的生活，你就有尊严。成就感和尊严，会给你快乐！"如果无法改变父母的想法，可尝试向当地居委/村干部或妇联寻求帮助。

2. 我们能不能跟朋友讨论性相关的话题？

答：我们可以和朋友讨论性相关的话题，包括月经、身体发育、对异性懵懂的情感、对性的好奇，都可以大方谈论。但是一定要通过正规途径去获取相关的性知识，不要轻信网络上的一些观点和言论。

3. 和男/女朋友分手后，如何走出失恋情绪？

答：我们处于青春期，想法和情绪都是不稳定的，谈恋爱分分合合是一件很正常的事。分手之后，我们会感到沮丧、心痛，对什么都提不起兴趣，这时候就要正视自己的情绪。以下几个方法，能够帮助我们快速走出失恋情绪。

（1）照顾好自己，保证每天有足够的优质睡眠，健康饮食，保持锻炼。

（2）向自己的朋友倾诉，不要将自己封闭起来。

（3）将注意力集中在学习上，尽量让自己专注于某件事，不要过多地思考分手的事。

（4）不要用报复性行为（酗酒、自残等）来伤害自己，减少与对方的接触，避免纠缠。

（5）给自己足够的时间去处理好自己的情绪，可以放声大哭，可以去跑步发泄情绪；不要反复想分手原因或者自责。

4. 男生强吻怎么办？告诉老师会怎样？

答：当我们进入青春期后，对于异性产生好奇，关注异性，甚至想接近异性，这种萌动的心理是正常的，也是可以理解的。但是同学间的友谊、异性之间的关系，是需要彼此尊重的。如果异性同学在教室里嬉戏打闹，有往异性身上靠、摸头、摸脸、摸腰等行为，就需要制止。有些行为严重的，甚至涉嫌“性骚扰”，作为女生也要提高警惕！被异性同学“亲一口”，会让我们产生不适，因此我们不应姑息这种不文明行为。一方面你要保持冷静，严正拒绝；与此同时你也可以向身边的同学以及老师求助。

当然，要对方尊重你，你自己也要自重。如果遇到异性骚扰，你应尽快抽身离开，尽快求助于信任的老师、家长或监护人，帮助你评估被袭事件的性质，考虑你下一步该怎样做。

5. 约会是怎么一回事？

答：约会是人类求偶活动的一个环节，人们通过相处、

好姑娘
你这么棒
不要毁在感情上

小林漫画

交谈来了解对方。青春期男女生的交往不仅是正常的，而且是必要的，有益于身心健康成长。对方约你一同参加某项活动，如听音乐、看电影、观画展、逛书市，这是正常的、公开场合的两性交往，完全可以大大方方地赴约。女孩子应端庄、坦荡，不使对方产生误解和非分之想；男孩子要沉稳、庄重，尊重对方。假如两人互有好感，相处愉快，约会的次数会增多，每次约会的时间会延长，直到两人难分难舍，恨不得每时每刻都和对方在一起。这时一定要注意适可而止，不能占用对方太多的时间，不能因为两人的约会，使一方或双方无法集中精力学习，无暇与家人、同学、亲友相聚。必须有所节制，减少单独在一起的次数、时间，见面时多谈谈学习上的事情，使双方的感情降温。只要把握与异性交往的尺度，诚恳对人，热情大方，自尊自重，便能处理好与异性的关系，以自身良好的修养和人品赢得异性的尊重和友情。

6. 为什么男生会亲我们，摸我们？

答：青春期男孩子体内雄性激素水平有了明显提高，有可能对异性产生兴趣，包括对女孩的身体的探索，可能通过亲吻、拥抱来满足自己的生理需求。但是如果女孩不喜欢男生对自己的这种亲吻和拥抱的行为，那么要严肃提出拒绝并迅速离开。如果遇到不适和被伤害的情况，要尽快告知老师和家长来保护自己。

7. 为什么有叛逆期？为什么以前我不会有反抗别人的想法，现在会有？

答：我们这样做的生理因素是，进入青春期后，身体中的激素水平发生变化，会让人情绪产生波动，容易做一些很冲动的事情；心理因素是，我们到了一个想要独立的阶段，我们想要摆脱大人的控制，想要自己独当一面，开始有了独立意识（自己的想法）。以前我们会比较顺从别人的意思，但当我们有了自己的想法后，则会开始维护自己的意志。虽然在叛逆期，我们比较容易冲动和具有反抗意识，但是我们仍然要学习着保持理智的分析能力；如果是合理的事情就要坚持，如果是不合理的则需要再多加考虑。

8. 女生追男生是一件羞耻的事情吗？

答：女生追男生不是一件羞耻的事情。每个人都有表达爱的权利，男生和女生都一样，可以放心大胆去表达，但是在向对方表达爱意的同时，也需要尊重对方的感受。

9. 恋爱会影响学习吗？

答：正在经历青春期的我们，有两个任务都非常的重要：第一个是学业，第二个就是情感。两者本身是不矛盾不冲突的。但是处在青春期的我们心智正在不断发展，我们的社会阅历并不深，处理问题的能力也不足，所以当我们遇到学习和恋爱的冲突时，经常无法平衡两者的关系，就会出现诸如学习成绩下降的后果。互相爱慕的两个人，不该只是互相凝望，而是要共同注视相同的目标。有了共同的目标，而且目标是积极正向时，情感才能更长久，我们自身才会更优秀。在学习上互相鼓励和帮助，这样的恋爱既不会影响学习，也不会被套上枷锁。除了收获爱情，我们更能收获自身的成长。

10. 讨厌或喜欢一个人，自己能控制吗？

答：或许我们很难控制自己去讨厌或喜欢一个人，但是我们可以理性看待，讨厌一个人不意味着我们需要仇视他/她，喜欢一个人也并不意味着一定要得到他/她。

11. 为什么我们会有梦想和理想？

答：人有成就的需求，有自我实现的需求，为了达到我们心目中想要的目标，就会产生梦想和理想。青春期，也是我们思考人生、探索人生，锻造美梦的黄金岁月。青春与理想是每个人永远难以忘怀的美好记忆。我们可以用激情冲刺目标，用勤奋走出大山，展望自己的未来。每个处于青春期的少年，都有无限的可能。青春就要追逐自己的梦想，实现自己的理想，探索自己的思想。一个有思想、梦想、理想的人，他的人生观和价值观是熠熠生辉的。祝福你，处于青春期，正在追逐梦想和理想的姑娘们。

12. 我喜欢一个人怎么办，要真诚面对还是藏在心里？喜欢一个人是我的错吗？如果18岁以后，还没有喜欢的对象，要怎么办？

答：喜欢一个人在眼神里、在平时的相处中是很难隐藏的。首先我们应该真诚地面对自己的内心和情愫，但是并不一定要表白；如果对方也确实对你有同样的喜欢，可以大大方方地正常相处，而不是直接谈恋爱。因为这时我们的身体和心理，距离成熟还有很长一段路程，等我们成年后，当我们的三观逐渐建立起来，有自己独立的认知和价值观以及成熟的感情处理能力时，确认他依然是你喜欢的人，这时候表白更能品尝爱情的甜蜜。喜欢一个人并不是你的错，当体内激素分泌时，对异性的好奇和喜欢都是正常的生理现象。如果18岁以后还没有喜欢的对象，也不要着急，余生还长，人生路上会在合适的时机遇到相爱的人。

13. 为什么长大了会特别在意自己的外貌？

答：随着我们进入青春期，心智逐渐成熟，独立意识更加强烈，我们会开始关注和调整自己在他人心中的外在形象。在意自己的外貌和外在形象是正常现象，不用过分焦虑。

14. 青春期莫名心烦怎么办？有时候情绪会很暴躁怎么办？

答：进入青春期，情绪有时候就会像天气一样阴晴不定。遇到这种情况，你不用太紧张，要相信这是一个正常的过程，也要相信自己会调节好的。其实你正在经历一次身体与性格的成长，尝试转移注意力，找信任的人倾诉你的感受；写日记、运动，或找一个无人的地方大喊着把情绪宣泄出来。你要认识到这都是青春期很正常的情绪波动，想要发脾气前，先忍住，冷静一分钟，等没这么激动时再

你生来就值得被爱
这一点无需质疑

小林漫画

采取行动。你可以用标签经常提醒自己，在书桌上、墙壁上和书本上写上“制怒”两字来提醒自己；戒除发火的毛病，或者在怒气上涌而尚未发作之时，心里默念“一定要镇静”“我不能发火”。

15. 为什么我是女生？家里重男轻女，我不想当女生，怎么办？

答：是男生还是女生，这一点自己无法决定，但是我们可以决定自己做一个怎样的女生，我们可以选择自信、自强、勇敢做自己。我们很难去改变家里人重男轻女的想法，但我们自己要明确并坚信一个观点：男女平等。一定要记住：女生跟男生能做的事情一样多！想要被别人尊重，想要改变传统的偏见，抱怨是没有用的，只有拿起手中的书，好好学习。要知道你的知识越丰富，能力越强，眼界越开阔，你将来的选择就越多。

16. 为什么遇到喜欢的人，会心动害羞？

答：在青春期，我们可能会因为荷尔蒙分泌过多而对异性产生情愫，茶不思饭不想，时时刻刻想念着对方，想要更多地与对方接触、聊天，这就是心动。这时候常常因为不知道如何与异性相处，产生害羞的情绪。

17. 抑郁的症状是什么？

答：抑郁的症状是，持续的情绪低落，感觉到心情压抑、思维缓慢，语言动作出现迟缓。偶尔有抑郁的情绪出现是正常的，但是如果抑郁的情绪无论如何都难以摆脱，并且持续好一段时间，请记得去学校找老师谈谈。平时也可以找朋友多聊聊天，运动、听音乐、冥想都是放松情绪的好办法。

18. 进了中学后，跟朋友疏远了，怎么办？

答：试着和朋友重新联系，通过真诚的沟通来了解疏远的原因，同时也可以在中学结识一些新的好朋友。

19. 觉得自己太胖，经常被别人嘲笑，觉得自己不好看，很自卑，怎么办？

答：被别人嘲笑，我们很自然会感到很伤心和难过。但是胖并不等于不好看。人的身体是多种多样的，高矮胖瘦各有姿态，学会接受自己的样子，每个人都是独一无二的自己。另外可以尝试均衡饮食，加强运动，运动使人更健康、更有活力。

20. 我觉得自己做什么事情都不行，觉得自己很没用，怎么办？或者，我已经很努力地去学习了，但是每次期末考试，我考得比班上调皮捣蛋的同学还差，我觉得自己很没用，我该怎么办？

答："我不能预知明天，但我可以把握今天；我不能样样顺利，但我可以事事尽力；我不能改变世界，但我可以改变自己的命运。"（问"自己尽力了但还是考不好怎么办"的同学，后来把自己的座右铭分享了出来，不经意间自答了上述问题。）

认真生活

才能找到

岁月藏起来的糖果

小林漫画

21. 父母总是骂我，我该怎么办？

答：第一，要思考父母骂我们的原因。如果是父母冤枉了我们，可以选择不要正面冲撞，等父母气消了再跟父母沟通，表达自己的感受和意见，让父母尝试理解自己的想法和意见。若是自己犯错了，就承认错误，并下决心改正。第二，我们应该明白父母的良苦用心，不能否定他们的初心，但对于他们的教育方式，可以找一个比较合适的时机与他们沟通探讨。第三，要让父母了解一些现代的教育理念，可以巧妙一些，比如陪父母看一档现代教育理念的电视节目等等。

22. 我感觉自己被别人瞧不起，该怎么办？

答：我们没有办法去改变别人，只能改变自己。所以只能让自己变得更坚强、更强大，无视那些瞧不起和歧视你的人。最大的障碍不是别人，是你自己要战胜自己，相信你永远是那个独一无二的自己，没有人可以取代你！只要你自己相信自己，不断地去努力、去拼搏、去贡献，就会被社会认可，一两个人对你的评价根本不重要。

23. 如果在不经意间听到有人议论我，我该怎么办？

答：偶尔听到背后有人议论自己，从某些方面来说是好事，只活在自己的世界里的人，往往容易与社会脱节。在人与人的交往中，难免会有口角与误会，听听别人是怎么看待自己的，合理的改正，偏颇的不必理会，不断地完善自己。还应该有井水不犯河水的心态，小事不要管它，如

果是侵犯自己原则性的事，你应勇敢地站出来，和他（她）进行语言上合情合理、公平公正的对峙。这也是给其他人看，让他（她）知道你的底线和原则性，以后他（她）做事说话自会有分寸。

24. 感觉跟别人交流很紧张很困难，觉得不能放松，我该怎么办?

答：心理学家认为，紧张是一种有效的反应方式，是应付外界刺激和困难的一种准备。有了这种准备，便可产生

就算我们都很平凡
也要一起努力
给彼此漫天星光

小林漫画

应付各种变化的力量，因此紧张并不全是坏事。然而，持续的紧张状态，会严重扰乱机体内部的平衡，并导致疾病，所以我们应该学会自我消除紧张状态。其实世界上并没有真正的从容大方，更没有真正遇到大事还信心满满、毫不紧张的人。只不过经过几次锻炼，人能够产生一种奇特的心理暗示，从而抑制这种紧张。所以，加油！

25. 我觉得读书好难，学习很艰苦，于是我想逃，我该怎么办?

答："没有一个人能够不经过困难而成功的。"（问出这个问题的孩子，写下了爷爷的回复，以激励自己迎难而上。）"希望自己一点一滴去体会生活中的风雨，即使结果失败了，我也输得起，因为我去尝试过了。不苦不累，生活无味；不拼不搏，等于白活。"（一名高中励志班学生曾用这句话自勉。）

26. 我的家庭条件没有其他同学的好，有时候我看到别人在吃零食，我只能躲着大家；不敢跟别人说我有多少零花钱，有时候感觉自己很自卑，我该怎么办?

答：我们不和别人比吃比穿的，要比就比学习和自我提升。因为每个家庭的情况都不一样，别人有的，你不一定有；别人没有的，不一定你就没有。俗话说：人比人气死人。出生不是我们能选择的，死亡不是我们能避免的，我们能做的就是把生活的每一天过得有价值。人生的价值要靠我们自己去创造，因为除了出生和死亡我们不能决定，其他全部都是可以自己去努力、去实践、去得到、去创造的！

27. 我害怕失败，害怕克服不了自己的弱点，我该怎么办？我很想成为一个自律的人，但是我做不到，怎么办？

答：如果因为害怕失败，放弃尝试，那么同时你就放弃了成功的可能。失败了最坏的结局就是再来一次，克服弱点可从尝试走一步再走一步开始，所有事情都要从一件件的小事开始。

28. 我家住在很偏远的山沟里，我很想走出去，看一看外面的世界，我要怎么做？

答：好好学习，通过接受更多的教育，考到外面的学校，然后就可以到外面的世界看一下；也可以通过网络、书籍，去了解不同地方的人文风俗。

29. 自己定下的目标很难完成，这让人很恼火，怎么办？

答：可以试着将大的目标分成多个小目标。例如，我们快要考试了，可以把自己的目标分到每一个科目上，把每一个科目分成一块块的知识结构。哪一门功课不好，就将它切割成很小的目标，具体分成每月、每周、每天可以积累一点的知识点，然后就按计划好的去执行。这样就会发现我们的目标变小了，更容易实现。

30. 我应该怎样提升考试成绩？

答：提高学习成绩不但要有好的学习方法，还必须养成

幸福都是奋斗出来的

小林漫画

良好的学习习惯。良好的学习习惯包括合理地听课、自习、探究、作业。

（1）听课：应抓住听课中的主要矛盾和问题，在听讲时尽可能与老师的讲解同步思考，必要时做好笔记。每堂课结束以后应深思一下进行归纳，做到一课一得。

（2）自习：自己阅读教材时应仔细推敲，弄懂弄通每一个概念、定理和法则。对于例题应与同类参考书联系起来一同学习，博采众长，增长知识，发展思维。

（3）探究：要学会思考，在问题解决之后再探求一些新的方法，学会从不同角度去思考问题，甚至改变条件或结论，去发现新问题。经过一段时间的学习，应当将自己的思路整理一下，以形成自己的思维规律。

（4）作业：尽量独立完成作业，对作业要做好整理和批注，真正地理解并熟练运用所学的知识。只有脚踏实地，一步一个脚印，才能学好。

总之，在学习的过程中，要认识到学科的重要性，充分发挥自己的主观能动性，注意小的细节，养成良好的学习习惯，进而培养思考问题、分析问题和解决问题的能力，最终从学习中收获快乐。

自我保护问题

1. 如果有人侵犯我，可以报警吗？

答：如果有人侵犯了你，一定要在第一时间报警、检查身体、留存证据。很多受害人，在案发后都有惊恐、失落、害怕的情绪，甚至不愿意去面对自己。在配合调查时，因为要回忆并全部如实讲出被侵害过程，受害人是很痛苦的。但你没有错，错的是伤害你的人，对方应该为自己的犯罪行为承担法律责任。你不必选择沉默独自承受，你应该报警，大胆地站出来指证犯罪，让伤害你的人受到应有的惩罚，也防止罪犯侵害更多的人。把事情讲出来很需要勇气，也十分不容易，但是，只有讲出来，才能更好地去保护自己和他人。

2. 如果被别人威胁了，怎么办？

答：把事情跟父母、亲属或老师说，请求信任的人帮忙解决问题。

3. 有危险的时候，要怎么保护自己或朋友?

答：一个人遇到突发的、有可能被霸凌的状况，要尽快离开。通常施暴者只是借机发泄不快，如果你没有反应，对方往往不会再纠缠。如果对方突然出手或者追逐你，你应该立刻向最近的人群奔去，向周围的人求助。

如果实在不能避开，气势上不能软弱，施暴者一般总是选那些看上去比自己弱的人下手。目光要坚定，保持沉着冷静，腰杆也要挺得笔直，传递出“我也不好惹”的信息，或者直接告诉对方“你这样做是不对的”。

4. 被性侵了怎么办?

答：第一，拨打110报警，越早越好，或者到公安机关报案。最重要的是证据的固定，要保留所有可能有侵害人DNA以及能够证明发生过暴力行为的物品、痕迹或现场。被侵害后，不要清洗身体或洗手、漱口、刷牙，最直接的证据就是嫌疑人的精液，这些证据可能会留存在擦拭身体的卫生纸或者使用过的安全套上，要尽可能保存下来。另外，案发当时穿的衣服如内衣裤等不要清洗，如若被撕烂，也不要扔掉，这是非常重要的证据。如果已经更换衣服，可以将衣物妥善保存在干燥的地方。

第二，被害人报警不要让侵害人知道，不利于自己安全，也防止嫌疑人销毁证据，给侦查和后期取证带来困难。

第三，在警务人员陪同下，请尽快进行身体检查（不要担心，给女孩子检查身体的会是女性），因为随着时间的推移，躯体损伤的愈合，与侵害人有关的证据会消失，公安机关将失去收集犯罪证据的最佳时间。如果怀疑自己被下迷药或者灌酒，要告知法医或医生，进行体内药物、酒精残留检测。同样，如果拖延时间过长，体内的酒精和药物会被完全代谢掉，检测不出痕迹。需要注意，如果无法第一时间由法医进行检查，可以找一家司法鉴定机构或者有鉴定资质的三甲医院进行检查。去做身体检查，固定证据，侦查员会和医生说需要提取哪些部位的东西，鉴定书上面也需要民警签字。

第四，做好事后避孕措施、预防性传播疾病。如果在遭受侵时加害人未戴安全套，事后应就医并按医嘱服用紧急避孕药。在采取事后紧急避孕措施后仍应关注是否不幸怀孕，以便及时就医，做出正确的选择。还应注意进行淋病和梅毒、乙肝、艾滋病等疾病的预防。梅毒、艾滋病病毒具有窗口期，如不能确认侵害者是否携带病原体，需要重复检查。

第五，如果有条件，可以寻求心理老师的帮助。由于我们经历了伤害，心理上很容易留下创伤，可能会出现很多应激反应：如情绪会变得低落、莫名其妙地想哭、脑海里会出现受到侵害的片段。我们会难以相信自己遭遇了这样的事情，会自责内疚当初不应该去那些地方见到那个人等等。这些都是受到侵害后的心理反应。我们要找到专业的心理老师帮助我们度过这段艰难的时期。我们要保护好自己，远离侵害者，避免再度受到侵害。这些都是性侵害者的错，我们并没有错，要自我接纳，不要内疚自责。比起我们的身体，我们的生命更重要，未来是美好的，我们的生活也会回到正常的轨道上。相信经过心理老师的帮助和自己的接纳，一切都会好起来的。

5. 可以去同性朋友家住吗？可以去喜欢的人家里留宿吗？为什么不能和陌生人讲话？

答：在确保对方家庭是安全的情况下，可以到同性朋友家里住；尽量和朋友一起去，如果感到害怕就让父母来接自己回家。在不确定对方是否会做出越轨行为的时候，尽量不到喜欢的异性家留宿。因为特殊情况不得不留宿，若对方做出了任何让你感到不舒服的行为（不论是亲吻或抚摸或提出想要发生性关系），如果你不希望他这么做，记得一定要拒绝和逃走。不和陌生人讲话是为了自我保护，我们不知道陌生人是好人还是坏人。

6. 在校园受到欺凌说不，告诉老师还是不行，怎么办？

答：在校园受到欺凌，首先要敢于大声说出来，要勇敢地向家人、老师等反映。如果告诉老师后对方仍然没有停止霸凌行为，那就尝试向其他大人求助，还可以向家长、学校、妇联求助。除了向别人求助外，还需要处理好自己的情绪，跟自己信任的人积极交流，将注意力放在个人和情绪管理上，列出积极的目标并努力实现它们，这样带来的成就感会增加你的底气。

7. 侮辱他人算校园欺凌吗？

答：算校园欺凌，属于语言暴力，会造成肉眼看不到的伤口，心理伤害很大。语言暴力的威力有时不亚于肢体暴力。被人用语言来刺伤，会使人精神压力增大。语言上的欺负、讥笑、贬损、诋毁、造谣，会让人的心理严重受挫和扭曲，丧失自我感。而且语言暴力通常是肢体暴力的前奏。除了语言暴力，关系暴力、肢体暴力、性暴力、反击型暴力、网络暴力都算是欺凌的行为。

走得再远，走到再光辉的未来
也不能忘记走过的过去
不能忘记为什么出发

小林漫画

广东省卫生健康宣传教育中心

广东省卫生健康宣传教育中心（以下简称“中心”）是广东省卫生健康委员会直属公益一类正处级事业单位。中心主要负责全省卫生健康新闻宣传、健康促进与健康教育等方面的工作：开展卫生健康宣传，传播普及医药卫生保健知识，建设健康科普平台；开展健康教育与卫生健康宣传领域相关理论研究；开展健康危险因素和健康素养的监测、调查、评估工作，并组织实践和技术指导。

近年来，中心紧紧围绕建设健康广东这一核心任务，依托健康广东行动、健康素养促进行动、国家基本公共卫生服务项目、公务员健康素养促进行动、全国示范性老年友好型社区创建以及疫情防控等平台，主动作为、全省联动，做到新闻宣传顶天立地、科普传播铺天盖地、健康促进与教育深入人心。

在2020年新冠肺炎疫情阻击战中，中心勇于担当、敢于作为，全体党员干部积极投身抗疫一线。第一时间派出5名党员骨干奔赴武汉支援湖北抗疫，参与广东援湖北指挥部的组织工作，深入重症病区调研采访，在中央地方主流媒体集中发声，播报战“疫”先进人物感人事迹；率先制定全国首份《疫情防控健康教育指引》，及时打响科学防控阻击战第一枪；第一时间奔赴广东抗疫主战场，24小时全媒体全天候滚动报道抗疫战况，凝聚起抗疫宣传强大合力，弘扬伟大抗疫精神；第一时间创新性开展健康教育线上咨询活动，及时为公众释疑解惑，安抚人心。通过全媒体、全覆盖、全天候的新闻宣传、科普传播和健康教育，实现疫情防控健康教育与全省居民零距离，为疫情防控强信心、暖人心、聚民心贡献力量。疫情期间，中心共制作各类传播材料60余种，印发宣传海报、折页约140万份，新媒体平台全网点击量超过16亿次，确保权威的声音始终跑在谣言前面。

中心全年荣获国家级、省级荣誉奖项近20个，在“学习强国”、《健康报》、“南方+”等主流媒体发表作品200余篇。中心1人获“广东省抗击新冠肺炎疫情先进个人”光荣称号，1人获“广东青年五四奖章”，1户获广东“最美家庭”称号。

追光的人

终将光芒万丈

本书的插图钤盖“小林漫画”印章的由林帝浣绘制，其他均由黎凤女绘制。